石窟营建

手机扫一扫，看视频、听音频

视频

莫高窟

飞越敦煌

一事一生，一人一窟
赵声良

一事一生，一人一窟
苏伯民

一事一生，一人一窟
王惠民

一事一生，一人一窟
赵晓星

音频

《石窟营建》
全书朗读

2021年主题出版重点出版物

写给青少年的

敦煌故事

敦煌研究院 编　赵声良 主编

石窟营建

王惠民 著

读者出版传媒股份有限公司
甘 肃 教 育 出 版 社

图书在版编目（CIP）数据

写给青少年的敦煌故事. 石窟营建 / 敦煌研究院编 ; 赵声良主编 ; 王惠民著. -- 兰州 : 甘肃教育出版社, 2021.12
ISBN 978-7-5423-5323-8

Ⅰ. ①写… Ⅱ. ①敦… ②赵… ③王… Ⅲ. ①敦煌学—青少年读物 Ⅳ. ①K870.6-49

中国版本图书馆CIP数据核字（2021）第277424号

写给青少年的敦煌故事 石窟营建
敦煌研究院 编 赵声良 主编 王惠民 著

策　　划 王光辉 薛英昭 孙宝岩
项目负责 伏文东 王露莹 何佩佩
责任编辑 李慧娟
装帧设计 石 璞 雷们起 张小乐
视频支持 敦煌研究院 敦煌市融媒体中心
图片支持 敦煌研究院
音频支持 甘肃飞天电子音像出版社

出　版 甘肃教育出版社
社　址 兰州市读者大道 568 号 730030
网　址 www.gseph.cn E-mail gseph@duzhe.cn
电　话 0931-8436489（编辑部） 0931-8773056（发行部）
传　真 0931-8435009
淘宝官方旗舰店 http://shop111038270.taobao.com

发　行 甘肃教育出版社 印 刷 山东新华印务有限公司
开　本 787 毫米×1092 毫米 1/16 印 张 14.25 字 数 133.7 千
版　次 2021 年 12 月第 1 版
印　次 2021 年 12 月第 1 次印刷
书　号 ISBN 978-7-5423-5323-8 定 价 58.00 元

图书若有破损、缺页可随时与印厂联系：0531-82079130

总序

敦煌石窟包括莫高窟、榆林窟、西千佛洞等，共800多个洞窟，其中有5万多平方米的壁画和2000多身彩塑。1900年在莫高窟的藏经洞出土了6万多件古代珍贵文献和艺术品。这些无限丰富的文物，构成了敦煌文化的主体。

那么敦煌文化到底有什么价值和意义呢？习近平总书记在敦煌研究院座谈时指出，敦煌文化是各种文明长期交流融汇的结晶。敦煌文化展示了中华民族的文化自信。

敦煌作为中国古代通向西域的重要门户，中华文明同来自古印度、古希腊、古波斯等不同国家和地区的思想、宗教、艺术、文化在这里汇聚交融。敦煌文化就是中外文化交流的结晶，它见证了中华民族和丝绸之路沿线的各国各民族共同推动人类文明向前发展的历史。敦煌文化还体现了中国文化的包容性，包括对宗教的包容、民族文化的包容、审美价值取向的包容。这种包容性使敦煌文化具有世界性。

100多年前，敦煌藏经洞文物流失海外，引起了各国学者对这些文献的研究，形成了世界性的学科——敦煌学。经过100多年的发展，今天，世界上已有20多个国家的学者在进行敦煌学和相关领域的研究，敦煌学成为中外学者相互交流的重要内容。我国的敦煌学研究曾经历了曲折的阶段，从最初“敦煌在中国，研究在国外”的状况发展到了今天学术研究走在世界前列。特别是改革开放以来，中国的学者对敦煌文化各个领域都进行了深入研究，推出了越来越多的研究成果，极大地促进了相关科研、教育及文化建设的发展。今天我们正处在中华文化振兴和繁荣的大时代，挖掘并传播弘扬优秀传统文化，是我们研究者义不容辞的责任。

文化是需要传承的。我们要将敦煌文化广为传播，让全社会都了解敦煌，并从敦煌文化中获得中华优秀传统文化的滋养，从而更好地弘扬传统文化，树立文化自信。青少年是祖国的未来，让我国的青少年从小就学习、了解敦煌文化的真髓，有利于他们正确把握我国优秀传统文化的精神。本套丛书就是希望通过青少年喜闻乐见的方式，以适合青少年年龄特征和阅读习惯的文字，深入浅出地把敦煌文化传递给他们。希望越来越多的青少年朋友们通过这套丛书了解敦煌文化、热爱敦煌文化，并从中获得丰富的知识和灵感，提高自身的文化艺术素养。

赵声良

2021年12月

目录

为什么是敦煌?

佛教东传敦煌

敦煌石窟的开凿营建

走进早期敦煌石窟

敦煌石窟里的隋唐记忆

夕阳下的灵岩佛光

漫漫黄沙掩不住

XIEGEI
QINGSHAONIAN
DE
DUNHUANG
GUSHI

写给青少年的
敦煌故事

为什么是敦煌？

丝绸之路上的一抹绿洲

敦煌，是丝绸之路上的一颗明珠，是丝绸之路历史的活化石。

国学大师季羡林先生曾说：“世界上历史悠久、地域广阔、自成体系、影响深远的文化体系只有四个：中国、印度、希腊、伊斯兰，而这四个文化体系汇流的地方只有一个，就是敦煌和新疆地区。”

以四大文明为代表的世界各种文明在敦煌融会、交流、互鉴，最终形成了辉煌灿烂的敦煌文化。

那，为什么是敦煌，创造出丝绸之路上两千年来的伟大奇迹？

先从它的地理位置说起。

从地图上看，整个甘肃的地形是狭长的，尤其在甘肃西北部祁连山以北、合黎山以南、乌鞘岭以西、甘肃和新疆的边界以东的区域，像一条蜿蜒的走廊，夹在雪山和荒漠之间，它——就是著名的“河西走廊”。

祁连山

水利是农业的命脉。绵延1000千米的河西走廊在祁连山雪水的灌溉下形成一连串的绿洲和草原，是“风吹草低见牛羊”的富饶地区，世世代代养育着这片土地上的勤劳的人民。敦煌位于河西走廊的西端，远古时期曾是浩渺的海洋，随着地壳运动，逐渐成为干旱的陆地。敦煌海拔较高，平均1100多米，周围是山脉，中间的盆地有丰富的地下水资源，形成沙漠绿洲，自然条件十分优越，农牧业发达。出土文物显示，最晚在新石器时代就有先民在敦煌及其附近地区生存。

由敦煌向西则是流沙之地，自然条件恶劣，东晋高僧法显曾西行求法，他所著《法显传》记载，他在公元400年经敦煌西行时，“敦煌太守李浩（即李暠）供给，度沙河。沙河中多有恶鬼、热风，遇则皆死，无一全者。上无飞鸟，下无走兽。遍望极目，欲求度处，则莫知所拟，唯以死人枯骨为标识耳”。所以进出流沙的行人需要在敦煌停顿休息，补充给养，甚至西域来的商人就在此地进行商贸活动，敦煌相当于一个商贸口岸。

陶器（火烧沟遗址出土）

春秋时期，月氏、乌孙驻牧敦煌。西汉初敦煌为匈奴所占。强大起来的匈奴屡次进犯西汉，严重威胁西汉政权。

公元前139年，汉武帝派张骞出使西域，意欲联络被匈奴打败的大月氏人共同对付匈奴。张骞历经艰险，来到阿姆河北岸大月氏的居住地。这里水草丰美，落地生根的大月氏已无意返回故里。张骞虽然没有得到大月氏的允诺，却了解了大量西域的地理、文化知识。更重要的是，他在历史上首次打通了联系中原和西域各国的丝绸之路，开创了中西文化交流的新纪元，史称“凿空”西域。莫高窟初唐第323窟

《张骞出使西域图》

北壁的《张骞出使西域图》分汉武帝礼拜金人、告别、途中、到达西域等4个画面，生动地描述了张骞出使西域的故事情节。

总凑敦煌 咽喉之地

从那个时候起，汉代到中亚、西亚的使者不绝于途，《汉书》记载："使者相望于道，一辈大者数百，少则百余人……一岁中使者多者十余，少者五六辈。远者八九岁，近者数岁而返。"这些来往西域的使者带来了异国特色、情调的物产与文化，千百年来大大丰富了人们的日常生活与对世界的认知，如莫高窟隋代第420窟菩萨天衣上的联珠狩猎翼马纹。《后汉书·五行志》记载："灵帝（168—189年在位）好胡服、胡帐、胡床、胡坐（座）、胡饭、胡空侯、胡笛、胡舞，京都贵戚皆竞为之。"

为了加强对西域的管理，张骞出使西域回来不久，西汉就在河西走廊设立张掖、武威、酒泉、敦煌四郡，即历史上著名的"河西四郡"，敦煌郡位于河西四郡的最西端，地理位置尤为重要。敦煌具体设郡的时间有不同的说法，但不晚于公元前88年。至于敦煌的含义，东汉应劭在《汉书·地理志注》中解释为："敦，大也；煌，盛也。"——这是现在人们最常用的一种对"敦煌"的演绎，包含了更多

联珠狩猎翼马纹

美好的心愿。但，西汉初期匈奴刚刚离去，敦煌人烟稀少，在当时还谈不上“又大又盛”，所以学者们多认为这两个字是胡语的音译。因为《史记》记载，匈奴居住“敦煌、祁连间”，而“祁连”匈奴语是“天”的意思——初唐颜师古《汉书注》曰：“祁连山，即天山也。匈奴呼天为祁连。”按这样推论，“敦煌”也应该是胡语，所以有的学者认为“敦煌”就是大月氏的另外一个称呼“吐火罗”的音译。

敦煌四面环山，地下水资源丰富，设郡之后，大量移民与军人带来了先进的中原文化与技术，敦煌从游牧民族的居住地逐渐演变为以汉族为主聚居的农耕区域，真正变得“盛、大”起来。由于地理位置的特殊和经济的发达，自西汉设郡以后，敦煌逐渐成为古代中原与西域交往的重要路口和河西走廊最重要的桥头堡。西汉末年，敦煌郡已经发展成为辖六县（敦煌、效谷、龙勒、冥安、渊泉、广至）、据两关（阳关、玉门关），人口达4万的繁华边城。因为敦煌地接西域，位置独特，成了历代中央政府特别关注的一个地方。隋代外交家裴矩在其《西域图记序》中即指出，隋代丝绸之路“发自敦煌，至于西海，凡为三道，各有襟带……总凑敦煌，是其咽喉之地”。将敦煌冠以“咽喉”二字，可见其地理位置是多么重要。

长风吹度玉门关

秦代的长城只修筑到甘肃岷县，西汉则沿着河西走廊一直续修至敦煌以西。《汉书·西域传》记载："自敦煌西至盐泽（罗布泊），往往起亭。"由于气候干旱，敦煌至今还保存着150千米长的汉代长城。长城沿线烽燧无数，而长城脚下的阳关、玉门关是商旅、军队进出西域、中原的门户。

阳关位于今敦煌市区西南70千米处的南湖乡墩墩山之南，古以"山南为阳"，故称阳关。过了阳关，经塔克拉玛干沙漠南边前往西域。古老的关城今天已不复存在，唯有山顶遗留的一座汉代烽火台，残高5米，底宽8米。依稀间，人们似乎望见了曾经的萋萋芳草古道。

玉门关位于今敦煌市区西北90千米处的小方盘城（一说在相距10千米的马圈湾），残高10米，长、宽各25米，南北各开一门。过了玉门关，经塔克拉玛干沙漠北边前往西域。至于关名的来历，有一个流传广泛的生动想象——近代人猜测玉门关是因古代美玉由此输入中原而得名。恐怕事实并非如此。根据史料记载，设立此关是为了管理西

阳 关

域、中原之间的政治、经济和文化交流，而不是因美玉而设。从《易经》“西北之卦……为玉为金”之语看，张掖西北之关为金关，敦煌西北之关为玉门关，即用“金”“玉”表示方位西北，这种解释可能更接近事实。

阳关、玉门关沿汉代长城而建，最初是为了防范匈奴而设的关卡，后来两关不仅成为地理概念，还承载了更为丰富的历史与文化意蕴。因为一出长城就意味着进入胡语地区，相当于今天的“出国”。在古人心目中，从长安到敦煌已很遥远，再向西行，就是胡地，阳关、玉门关成了中、西分界的代名词。

阳关和玉门关，也是唐代诗人最擅长的流行题材，在唐诗中有情绪各异的表达；无论诗人们是否到过敦煌，他们所写的诗歌或伤感或

玉门关

浪漫或壮怀，都那么动人心弦。王维（701—761年）送元二使安西而作《渭城曲》，感伤惆怅，成为古代送别诗的经典作品：“渭城朝雨浥轻尘，客舍青青柳色新。劝君更尽一杯酒，西出阳关无故人。”

XIEGEI
QINGSHAONIAN
DE
DUNHUANG
GUSHI

写给青少年的
敦煌故事

佛教东传敦煌

从王子到佛陀

佛教的创立者是释迦牟尼，意为释迦族的圣人（也有意译为“能仁”；“释迦”意为“能”，“牟尼”意为“仁”）。这当然是后人对他的称呼，犹如中国称孔子为孔圣人。

释迦牟尼名叫悉达多，有一说他的父亲是当时释迦国（今尼泊尔境内）的国王净饭王。王国鼎盛时期，在首都迦毗罗卫城之外还有9座大城，其中天臂城善觉长者有8个女儿，大女儿和小女儿都嫁给了净饭王，大女儿就是悉达多的母亲摩耶夫人。传说摩耶夫人有一天夜里梦见一头白象，于是怀孕，这就是著名的“梦象入胎”故事。摩耶夫人怀胎十月，于四月初八（少数佛经记载是二月初八）在一处花园里生下了悉达多王子，传说当时还有九条龙从空中口吐温水，为他洗浴，是为“九龙灌顶”。这一天后来成为佛教的重要节日——佛诞节（浴佛节）；每到这一天，寺院里都要举行隆重的浴佛活动。

《梦象入胎》

可惜摩耶夫人在产后7天就去世了，悉达多王子就由摩耶夫人的妹妹，也就是善觉长者的小女儿瞿昙弥抚养。后来悉达多王子成佛后，瞿昙弥即出家为尼，成为第一个出家的比丘尼。

年轻的悉达多王子受到良好的教育，后来他遇到了世人的生、老、病、死四种不可避免的状态，决定要跳出宫廷生活，寻求超脱的法门。于是29岁那年，在一个夜晚，悉达多王子离开了家，过上了苦行僧的生活，这就是佛教著名的“夜半逾城”故事。他寻名山，拜隐士，跟着他们学习修行法门，后来到了一个叫佛陀伽耶的地方，坐在一棵菩提树下整理自己的感悟和思路，最终顿悟成佛；菩提就是觉悟的意思。这个时候，他只有35岁，称为释迦牟尼佛（佛陀）。

后来的佛教文献还记载悉达多王子成佛前，众魔恐惧，以美女、

《九龙灌顶》

《夜半逾城》

武力等种种法术试图阻止王子成佛，悉达多王子最终战胜众魔，实现了他诞生时所说“天上天下，唯我独尊”的誓言，这就是著名的“降魔成道”故事。

释迦牟尼成佛后第一次说法的地点是在一个叫鹿野苑的地方（今天印度的萨尔那特），因此佛教称这次说法为“鹿野苑初转法轮”；听法者只有他的随从5人，这5个人成为佛陀最早的弟子。莫高窟第290

第290窟 《初转法轮图》

窟的《初转法轮图》中画了一佛为四位弟子说法的场面（应该是五弟子），佛座前方卧着两只鹿。佛陀究竟讲什么？一般认为释迦牟尼讲的内容是“四谛”，就是苦、集、灭、道，即人生的苦难、苦因、脱离苦难并到达彼岸的方法。从今天的理解来看，释迦牟尼就是希望大家说好话、做好事、存好心，来过完我们有限的一生。

白马驮经到中土

佛教传入中国与丝绸之路有着千丝万缕的联系，这条路不仅是商贸之路，也是东西方文化、宗教的交流之路，为佛教传入中国提供了诸多条件。

由于资料的缺乏，关于佛教传入中国的时间存在着多种说法，最普遍的说法是在公元前后。真正推动佛教在中国传播的相关资料主要集中在东汉永平年间（58—75年）。据文献记载，汉明帝永平七年（64年）曾派遣郎中蔡愔（yīn）、博士弟子秦景等赴西域求法，永平十年（67年）回，带来印度僧迦叶腾摩、竺法兰等僧人及一批佛经。迦叶腾摩所译写的《四十二章经》被认为是第一部完整的汉译佛经。

又有一种传说，说的是佛经是由一匹白马驮来的，所以在洛阳郊外建立寺院称为白马寺，西来的迦叶腾摩、竺法兰就生活在这里。我们从《历代三宝记》卷四中读到："写得佛经《四十二章经》并获画像，载以白马，还达洛阳，因起伽（qié）蓝（寺院），名白马寺。"白马寺被认为是我国最早的官办寺院，"白马寺，汉明帝所立也，佛教入中国之始”。

三国时，高僧康僧会从北方前往建业（今南京）传播佛教，并建造建初寺，被称为“江南第一寺”。莫高窟第323窟画有《康僧会赴建业图》，一叶扁舟，船夫在船头摇橹，康僧会端坐船中央，远处山峦忽隐忽现。这样的画面使人不禁想起李白的诗歌《黄鹤楼送孟浩然之广陵》：“故人西辞黄鹤楼，烟花三月下扬州。孤帆远影碧空尽，唯见长江天际流。”如果把这首诗歌当题画诗，写在这幅画的右上角也是蛮吻合的呢。

《康僧会赴建业图》

佛像的产生

佛教东传后，与中国文化互为融合，佛教的雕塑、营建以及绘画等艺术方面的创造对中国的文化影响深远。佛教造像形象而直观，成为佛教徒崇敬礼拜的对象。初唐法琳说："自后汉明帝永平三年（60年）梦见金人已来，像教东流，灵瑞非一。"塑造这些佛、菩萨像，是解释佛经、弘扬佛教教义，也是便于佛教徒宗教修行实践的需要。虽然写经供养在古代最为流行，但纸张脆弱，一部佛经抄出后通常只能流传数十年，而佛教石窟与石刻造像则保存时间很长。

造像是实践佛教信仰的一种途径。虽然佛经记载释迦牟尼在世的时候就有佛像的制作，但学术界一般认为要到公元后才出现佛像。在早期佛教艺术作品中，一般不直接表现佛的形象，而用佛的脚印、莲花座、菩提树等表示佛的存在。比如要表示佛在鹿野苑说法，就雕刻出众弟子围绕一个空座位，座位下刻出两只卧鹿和一只轮子。

《初转法轮》（犍陀罗艺术风格）

贵霜王朝是曾存在于中亚的古代帝国（约公元1世纪至3世纪），其间，佛教艺术得到发展，制作了大量的佛像，出现了犍陀罗艺术和马图拉艺术两大佛教艺术流派。这两种风格都传到我国，对中国的佛教艺术产生很大的影响。

犍陀罗艺术风格

公元前327年，希腊北部马其顿人亚历山大东征入侵西印度，把希腊文化带到了东方。后来，到了贵霜王朝统治时期，犍陀罗一带（今巴基斯坦白沙瓦谷地）的佛教艺术得到空前发展，出现了佛的形象：体态健硕，鼻子修长，头发呈波浪纹卷曲，衣饰厚重，具有浓郁希腊艺术特征——这种带有希腊艺术风格的佛教造像被现代学者称之为“犍陀罗艺术”。而中国早期佛教艺术就带有较多的犍陀罗风格。

弥勒菩萨立像

马图拉艺术风格

马图拉在今印度北方邦，《大唐西域记》里写作“秣菟罗”，意思就是“孔雀”。2世纪以后，这里流行的佛教造像则形体健硕，衣饰简洁透明，带有较多的本土传统艺术风格，被称为“马图拉艺术”。

佛立像

佛像传入中国

汉明帝永平求法，蔡愔等人带来了一些佛像，《魏书·释老志》记载："愔又得佛经《四十二章经》及释迦牟尼立像，明帝令画工图佛像，置清凉台及显节陵上。"这就是佛像流传中国的开始。

随着东西方佛教艺术交流的加强，前往西域取经的汉僧和西域来华的胡僧都或多或少带来一些佛教造像，一些西域画家也活跃在中土，佛教林林总总的神灵形象为中国艺术提供了丰富的题材和广阔的想象空间，于是，佛教艺术成为此后中国艺术的重要主题，佛教造像遍及全国，数量庞大。

我国现存最早的佛像约出现在2世纪初，多数是禅定佛像。十六国（304—439年）后期，佛教造像开始增多，题材逐渐丰富，开凿了天梯山石窟、炳灵寺石窟等，出现了菩萨像、七佛、千佛等。到了北魏时期，中国佛教造像进入第一个高峰期，以云冈石窟、龙门石窟为代表。随后的北齐、隋代、武周也是佛教造像艺术重要的发展时期。莫高窟及其周边石窟保存下来的壁画有5万多平方米，塑像2000多身，

禅定佛

是世界上保存佛教造像最集中的地方。其他佛教造像较多的石窟有克孜尔、云冈、龙门、响堂山、炳灵寺、麦积山、大足、广元、巴中等。

村坞相属 多有塔寺

《三国志》记载，徐州刺史陶谦的下属笮（zé）融（下邳相，卒于195年）曾建佛寺，可容3000人，铸造佛像，黄金涂身，又设斋会，方圆八十里的数万民众都来观看就食，规模浩大。这是中国第一次明确记载举办斋会和社会一般民众信奉佛教的具体情况，显示佛教已经在中国的土壤里生根。

经过200年的发展，到了十六国时期，敦煌佛教已经很发达，就像《魏书·释老志》中所记载的：“敦煌地接西域，道俗交得，其旧式村坞相属，多有塔寺。”十六国时期，莫高窟开始开凿。北凉时期，佛教发达，最著名的佛教造像有14座北凉石塔。

中国早期的出家人多依师为姓，姓竺者最多，后来一代名僧道安（312—385年）规定僧人都随释迦姓释，成为制度。道安还制定了寺院僧尼日常行为规范，“安既德为物宗，学兼三藏，所制僧尼轨范、佛法宪章，条为三例：一曰行香定座（上经上讲之法）；二曰常日六时行道（饮食唱时法）；三曰布萨（差使悔过等法）。天下寺舍，遂则而从

北凉石塔

之”。僧尼出家有许多规定和手续，最重要的是“度牒”，是由地方政府发放的证明书。唐代的度牒曾一度需要买卖，在敦煌文献P.3774《丑年十二月僧龙藏牒》中提到，一位名叫平娘的女子用牛、驴各一头从安都督处买一张度牒，学者考证这一年是821年。

《大慈恩寺三藏法师传》记录了这样一个数据：贞观二十二年（648年），有寺院3716所；而到了开元末年（约741年），寺院增加到了5358所。有些寺院是奉敕修建，如唐代乾封元年（666年），“天下诸州各营一寺”。根据皇帝的命令，在每个州都要建立一所以“中兴”命名的寺院或道观，后来又改名为龙兴寺、龙兴观。敦煌的龙兴寺僧徒较多，还办有寺学，属于敦煌的一所大寺，一直到宋代还见记载。敦煌的寺院经历代兴废，寺院数量与寺名有所不同，北宋初年有僧寺12所、尼寺5所，小的比如兰若（小的修行场所）、佛堂则无法统计。敦煌尼寺不办学校，而僧寺都有学校，僧人们除了学习佛教知识外，还学习《论语》等世俗知识。晚唐时期诗人韦庄写的《秦妇吟》在当时传诵一时，也是敦煌寺院学生的教材。

古代寺院除宗教功能外，社会活动丰富多彩，不仅举办诵经、抄经、讲经、燃灯供养、各种斋会等佛事，还有学问僧与文人间的酬答，花卉和茶叶的种植，杂技、说唱等文艺表演等，类似当代人们自由聚集的广场，具有浓厚的人间烟火气。佛寺功能的多样化必然冲淡其宗教意味，而加深其世俗气息。而唐代在这方面的重要变化，最终让佛寺成为百姓的文化娱乐中心，一直到宋代都是这样。敦煌的佛教寺院也不例外，在敦煌文献S.381《辛巳年（801年）龙兴寺毗沙门天王灵验记》中记载，敦煌的龙兴寺在节日有娱乐活动：“大番岁次辛巳闰二

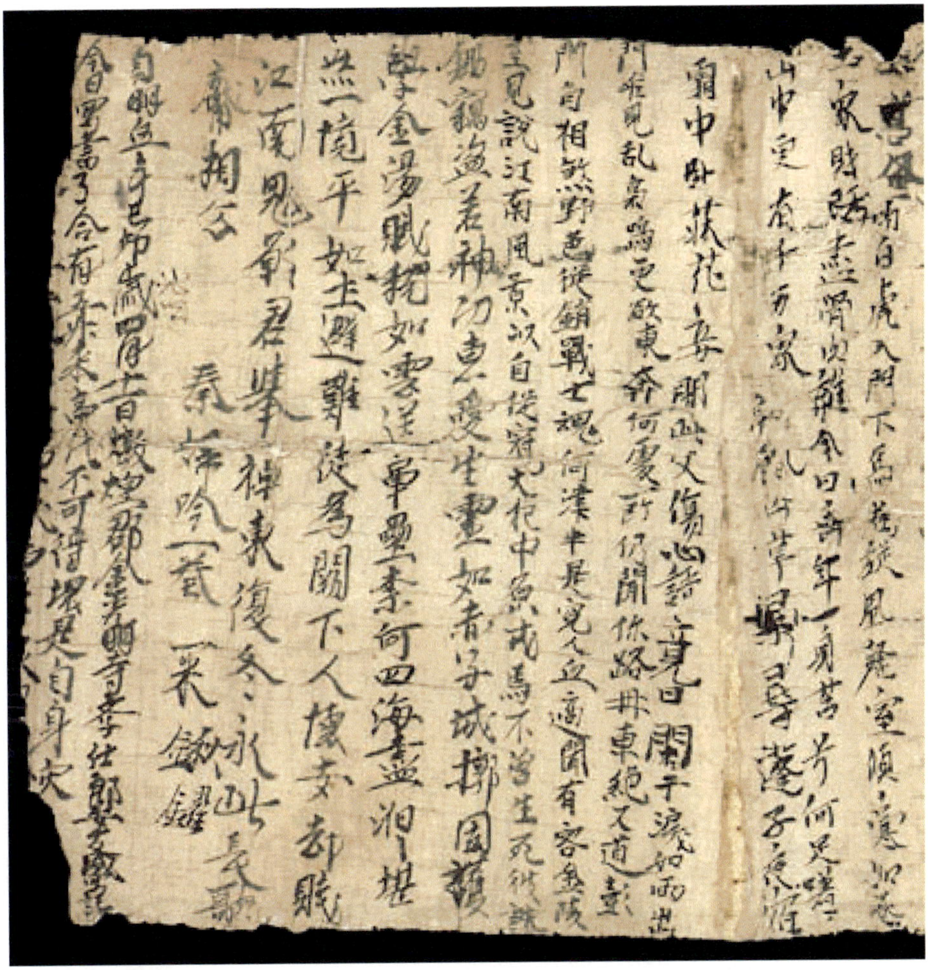

《秦妇吟》

月十五日，因寒食，在城官僚百姓就龙兴寺设乐。……”而另一份文献是一张敦煌寺院的账单（三年间的统计汇总，当时叫算会），就提到“七月十五日赏乐人……七月十五日设乐”等。

浮屠简

佛教东传，首站是西域，尔后传到河西、中原。敦煌位于丝绸之路的要冲，是佛教东传的重要一站；敦煌最早的佛教资料来自汉代的悬泉置遗址。

置是古代对驿站的一种称呼，考古出土的汉简显示，从长安（今天的西安）到敦煌的几千里路上，汉朝官方共设置了80多个驿站，相当于每二三十千米就有一个免费食宿的“官方招待所”，所有需求一应俱全。

悬泉置遗址发现于1987年，位于今天敦煌与瓜州之间，其东南谷中有一苦水泉，在汉唐名为悬泉。遗址的总面积为2.25万平方米，出土文物7万多件，汉简数量多达3.5万件，其中一件汉简上有“少酒薄乐，弟子谭堂再拜请。会月廿

浮屠简

三日，小浮屠里七门西入”共24个字，是一份关于请悬泉置某人到敦煌浮屠里附近参加宴会的请柬。经过考古学者的比较研究，这件汉简的年代推定在一二世纪之交，由此也说明佛教初传中国是经过敦煌的。

『敦煌菩萨』竺法护

提到敦煌佛教，有一个人不得不提，他就是被称为“敦煌菩萨”的竺法护。

历史文献中这么描绘，“竺法护，其先月支人也，世居敦煌郡。年8岁出家，事外国沙门高座为师。诵经日万言，过目则能。天性纯懿，操行精苦，笃志好学，万里寻师。是以博览六经，涉猎百家之言”。这位我国古代杰出的翻译大师，具有过目不忘的能力，还精通西域三十六国语言文字。他8岁出家，跟随印度高僧两次穿越葱岭，到西域各地求学，瞻仰圣迹，遍访名师。他一生往来于敦煌、长安之间，不仅将大批经典佛经带回中原，还翻译大量经文，前后译经150余部、300余卷，培养了一批译经人才，对佛教在中国的流传贡献重大。因为竺法护在敦煌翻译过佛经，所以人们称他为“敦煌菩萨”。

因为这位高僧，让敦煌的名字在莫高窟修建之前就被广为传扬。敦煌石窟的发源、创建，应该是受到竺法护的佛学理论影响，而他在长安译经的地方，也被称为“敦煌寺”。

《译经图》

在竺法护的众多弟子中，最有名的要数竺法乘。他随竺法护到敦煌，并一直留在敦煌弘扬佛教，最终长眠于此。这一对师徒虽然是西域胡僧，但精通汉文，他们传播已经汉化的佛教，对佛教“中国化”的发展做出了很大贡献。随后，敦煌成为当时河西地区的佛教中心，所以才有了莫高窟的开凿营建。

敦煌石窟的开凿营建

《莫高窟记》

敦煌有两座名山。鸣沙山是沙山，传说起风时会发出声响，山下有月牙泉，泉呈弯月状而得名；沙山围绕而泉不枯，最为神奇。三危山则是座危石耸立的荒山，寸草不长，山有三险峰，因而称为“三危”。

月牙泉

莫高窟

这两座山之间是潺潺河流，自南向北流，古称宕（dàng）泉，有跌宕起伏之意，现在当地人常误称之为大泉。莫高窟就位于鸣沙山东麓的崖面上，下临宕泉。古时候的泉水或许较大，在文献中的描绘是“波映重阁”；为了保护文物，如今的河水已经改道到较远处，平日只有涓涓细流，当上游山洪暴发时才从峡谷中冲出滔滔河水。戈壁中竟然也会发洪水，大家一定很好奇吧！

关于莫高窟之名的来历，并没有明确记载，目前所知最早的记载见于隋代第423窟。该窟西壁龛下有墨书《莫高窟记》，首行就是“莫高窟记”四字。敦煌文献中又常把莫高窟写成“漠高窟”，推测“莫高”也许就是沙漠高处之意。因为莫高窟在敦煌盆地南边，海拔1300米，而敦煌城的海拔为1100米。

砾岩层

敦煌在远古的时候是大海，我们在莫高窟断崖上处处可见一层一层堆积的砾岩层，仿佛可以听见远古海浪冲刷的声音，真是沧海桑田。

关于莫高窟的创建年代有两种说法，在时间上大致相近。

其一是永和九年（353年）说。

敦煌文献P.2691《沙州城土镜》，写于五代时期的乾祐二年（949年），记载莫高窟开凿于永

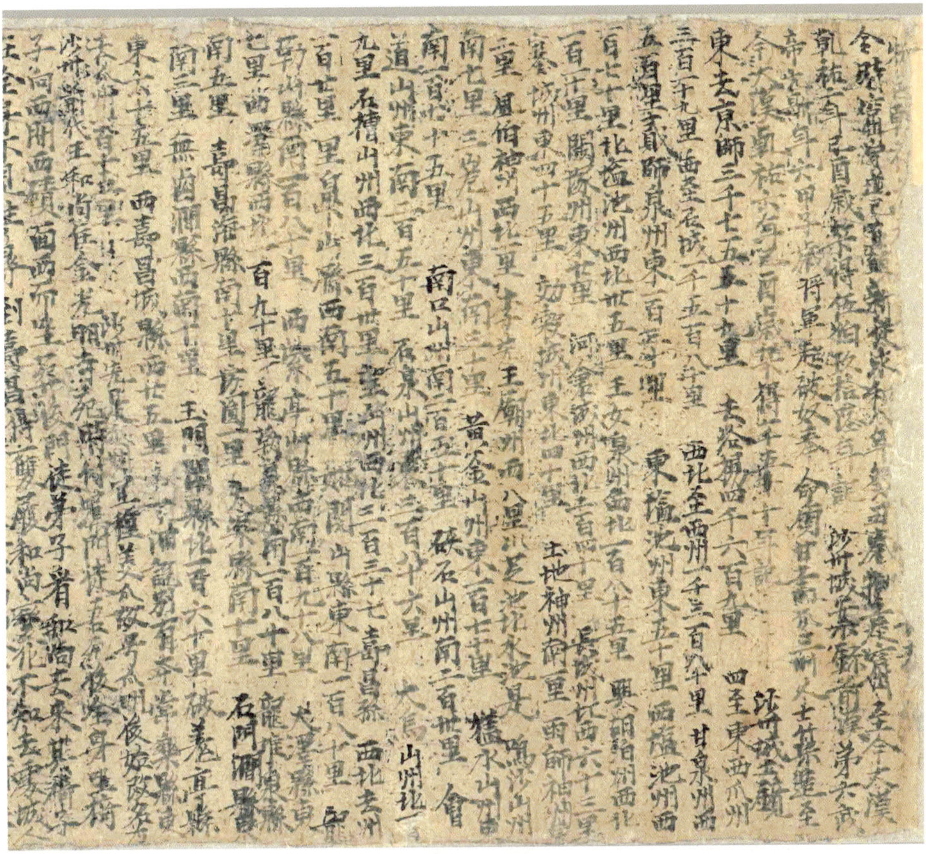

《沙州城土境》

和九年（353年）："今时窟宇，并已矗新。永和八年癸丑创建窟，至今大汉乾祐二年己酉岁，算得五百玖拾陆年记。"根据这段文字，从五代乾祐二年倒推596年，则建窟的年代就是353年（按：癸丑岁为永和九年，而非永和八年）。

其二是前秦建元二年（366年）说。

在莫高窟初唐第332窟前室南侧，原有建窟时立的《李君莫高窟佛龛碑》，两面镌字，1921年被流窜来的白俄士兵折断，残碑现存敦煌研究院陈列中心。这块碑此前由清代金石学家徐松等做了拓片，通过保存在敦煌文献（P.2551）中的碑文底稿，我们可以了解第332窟营建的详细内容。此碑乃武周圣历元年（698年）立，所以又称《圣历碑》，立碑者叫李义，字克让。碑文中提到了这个窟的创建年代以及武周时敦煌佛教的盛况，又叙述了李氏家族的源流和自己修窟的功德。通过这块石刻，我们仿佛回到1000多年前，和这位李公克让一道，重温这段开窟往事："莫高窟者，厥初秦建元二年，有沙门乐僔，戒行清虚，执心恬静。尝杖锡林野，行至此山，忽见金光，状有千佛，遂架空凿岩，造窟一龛。次有法良禅师从东届此，又于僔师窟侧，更即营建，伽蓝之起，滥觞（shāng）于二僧……"碑中明确提到莫高窟开凿于建元二年（366年），这也是我们所见关于莫高窟开凿纪年的最早记录。

《李君莫高窟佛龛碑》

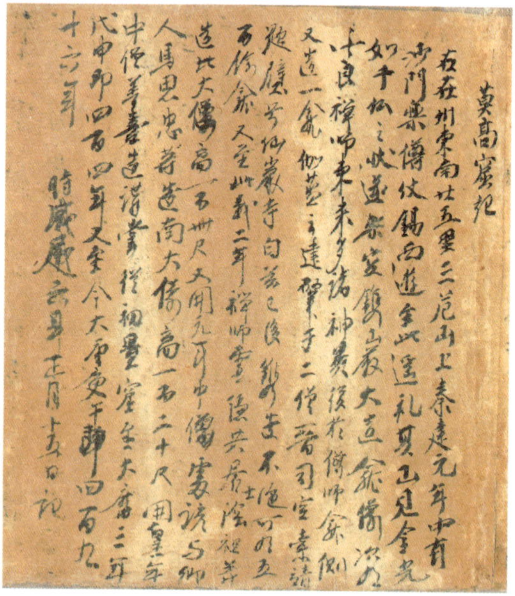

《莫高窟记》

敦煌文献P.3720以及晚唐第156窟前室墙壁上书有著名的《莫高窟记》，全文是：

莫高窟记

右在州东南廿五里三危山上。秦建元之世，有沙门乐僔仗锡西游至此，遥礼其山，见金光如千佛之状，遂架空镌岩，大造龛像。次有法良禅师东来，多诸神异，复于僔师龛侧又造一龛，伽蓝之建，肇于二僧。晋司空索靖题壁，号“仙岩寺”。自兹以后，镌造不绝，可有五百余龛。又至延载二年（695年），禅师灵隐共居士阴祖等造北大像，高一百卌尺。又开元年中，僧处谚与乡人马思忠等造南大像，高一百廿尺。开皇年中，僧善喜造讲堂。从初量窟至大历三年戊申（768年），即四百四年。又至今大唐庚午（850年），即四百九十六年。

时咸通六年（865年）正月十五日记。

由于《圣历碑》年代较早，“建元之世”有建元期间之意，所以学术界一般取《圣历碑》提到的建元二年建窟说。从366年开始，此处山峦的历史，就离不开工匠斧凿的叮当声。

乐僔与法良

《莫高窟记》记载乐僔见到“金光”而开窟，所谓“金光”应该是一种自然景观。

有人会问，为什么乐僔要选择莫高窟这里开凿第一个洞窟？实际情况是，修建洞窟与这里的自然环境有很大关系。古代佛教石窟一般都会开凿在临山傍水的地方，山中安静便于禅修，有水源便于生活；而鸣沙山东麓是断崖，高三四十米，南北长1680米，崖下有宕泉，是绝佳的选址。天气晴朗的时候，从敦煌可以看到南面终年积雪的祁连山余脉，潺潺流过的宕泉河就发源于南边的山沟，绵延几十千米，最后消失在莫高窟以北不远的戈壁中。河水流经崖下，绿树葱葱，形成一片有山、有水、安静的绿洲，最宜僧人修行和维持生活。而坚硬的崖面也很适合开凿石窟，于是，禅师乐僔就选择这里，安顿下来，开始他的开窟修行。

北魏高允写的《鹿苑赋》描绘了云冈石窟开凿时的情景，其中提到“凿仙窟以居禅”，表明了石窟用于修行的作用。在莫高窟崖面凿窟

莫高窟　第268窟

坐禅，是敦煌佛教发展的产物，而莫高窟的“金光显现”也许只是一个传说而已，为这个佛教圣地增加了一层神秘的光环。

由于乐僔、法良都是禅僧，最初所开洞窟可能是禅窟。经学者考证，莫高窟现存最早的一组洞窟是第268窟、272窟、275窟，而第268窟内有四个没有壁画的素壁小禅室（现存壁画是后来画的），仅可容身，也可能是禅师与弟子们修行的洞窟。中国石窟的禅窟很少，在莫高窟现存有壁画的492个洞窟中，仅南区第268窟、285窟、487窟等少数几个窟是禅窟，另外在北区还有82个禅窟。印度石窟中的禅窟就很多，如著名的阿旃陀石窟总共29个洞窟中，禅窟有25个，而殿堂窟仅有4个。几十名僧人在一起修行，真可谓“凿仙窟以居禅”。

虽然在东汉时期的汉简中已有佛教的资料，但从《高僧传》等文献记载看，即便到东晋时期“敦煌菩萨”竺法护在敦煌传法时，当地的佛教也并不发达。由于竺法护、弟子竺法乘的努力才“大化西行”，开始有一些庙宇建筑。约半个世纪后，随着敦煌佛教的发展，莫高窟也成为僧人修行之所。

莫高窟最早的寺院，可能就是《莫高窟记》中所记索靖题壁之“仙岩寺”，但这位出生世宦家族的书法家所生活的时代与竺法护相当，那，是否竺法护、竺法乘时代就在这里建造寺院，而后才有乐僔、法良的开凿洞窟呢？这只是我们的大胆想象而已，现在已经无从稽考。

从乐僔和法良择址莫高窟开窟之后，这里就逐渐成为风水宝地，代代开凿洞窟。敦煌石窟的营建一直延续了整整1000年，其间几乎没有太长时间的中断——这种持续性发展在佛教石窟中没有第二例。

云楼架碧空

莫高窟自366年开始建窟，香火逐渐兴盛，成为敦煌的佛教圣地，不时有一两千人来莫高窟做功德，比如北周瓜州刺史建平公于义任职期间开凿的第428窟，绘有供养人1100多身；在敦煌研究院所藏藏经洞文物中，有一份写于唐代的珍贵文书——《腊八燃灯分配窟龛名数》，这是道真和尚在951年的腊八节前一天安排“遍窟燃灯”的布告。他将崖面分为11个区域，安排人员分头负责燃灯，一般洞窟燃一盏，大窟和特殊洞窟燃多盏，总数700盏以上。可以想象那夜的莫高窟，“圣灯时照，一川星悬”，这是多么壮观的场面！

在莫高窟第469窟有一方题记：“藏内记。府主太保就窟上造贰仟仁（人）斋。广顺叁年岁次癸丑八月十五日。”记录了953年曾在莫高窟举办过2000人的法会。敦煌文献《敦煌录》（S.5448）中，记载了五代时期的敦煌名山古迹，其中这样描绘莫高窟的开窟盛况：“州南有莫高窟，去州二十五里，中过石碛带、山坡，至彼斗下谷中……其谷南北两头有天王堂及神祠，壁画吐蕃赞普部从。其山西壁南北二里，

《藏内记》

并是镌凿高大沙窟，塑画佛像，每窟动计费税百万。前设楼阁数层。有大像堂殿，其像长一百六十尺。其小龛无数，悉有虚槛通连巡礼游览之景。”古代洞窟开凿后，一般要在洞窟前面修建一座窟檐加以保护，现在仅剩下五座窟檐建筑。一些开在地面的较大的洞窟前面还建有殿堂，上面建有楼阁（相当于高层的窟檐）。

在藏经洞中出土了多件晚唐敦煌组诗《敦煌廿咏》，第三首为《莫高窟咏》："雪岭干青汉，云楼架碧空。重开千佛刹，旁出四天宫。瑞鸟含珠影，灵花吐蕙丛。洗心游胜境，从此去尘蒙。"除了莫高窟"云楼架碧空"的盛大场面，古人还留下这样的一篇《天复元年金光明寺造窟檐上梁文》（S.3905）："宕谷先贤名迹，萨诃所记因缘，因兹万圣出现，千佛各坐金莲。石涧长流圣水，花林宝鸟声喧，圣迹早晚说尽，纸墨不可能言。"寥寥数语，崖壁上的壮丽景观已跃然纸上。

窟檐建筑

敦煌石窟的功能

石窟最初的功能是僧人修行和居住之所，但从整体来看，不同时期开凿的石窟从形制、内容到总体布局都贯穿着当时的佛教思想与信仰。南北朝时期，南方文化发达，佛教徒重视对义理的探讨，所以石窟、禅僧很少；而北朝佛教则注重宗教实践，流行禅观，石窟则遍及北方各地，早期洞窟的许多绘塑题材也多与禅观有关。一些佛教诸神吸纳了印度神话传说中的诸神，只是身份和地位有所改变。

敦煌早期洞窟中有一个显著的特点是，大部分洞窟都绘有大面积的千佛，当然，这个主题也与禅观有关。佛教属于泛神论者，认为有许多佛（通常用“千佛”来代表，有的时候称“万佛”，概指数量多），图画千佛形象，旨在祈求消灾避难、获诸福德。

第263窟　千佛（局部）

敦煌石窟的形制

佛教石窟是一种特殊形式的佛教寺院，一些石窟与佛教寺院相毗邻，因此佛教石窟也可称为石窟寺。石窟的主要形式有禅窟、中心柱窟（中心塔柱窟）、殿堂窟等三种，还有僧房窟、仓储窟、瘗（yì）窟等，功能各不相同。

禅窟，顾名思义为了修禅，属于毗诃罗窟（毗诃罗是梵文的音译，意为僧房、精舍，既是生活居住之处，也是禅修之所）。禅窟分单室禅窟和多室禅窟，南区第487窟就属于多室禅窟。单室禅窟就是独立的禅室，供一人使用；而多室禅窟则是一个洞窟内开凿多个禅室，若干僧人聚集在一起共同修行，相当于僧团活动。古代印度的佛教和其他宗教都有坐禅修行的传统，通过静坐来冥思人生现实与心灵理想，提升自己的世界观，类似我们熟悉的瑜伽的冥想。

中心柱窟，也叫塔庙窟、塔柱窟、中心塔柱窟。其祖型来自印度的支提窟，就是在窟中凿建一座佛塔，与窟顶不相连接，表示舍利安置在佛塔中间，属于一种纪念性建筑。绕塔供养就是对佛的尊重和怀

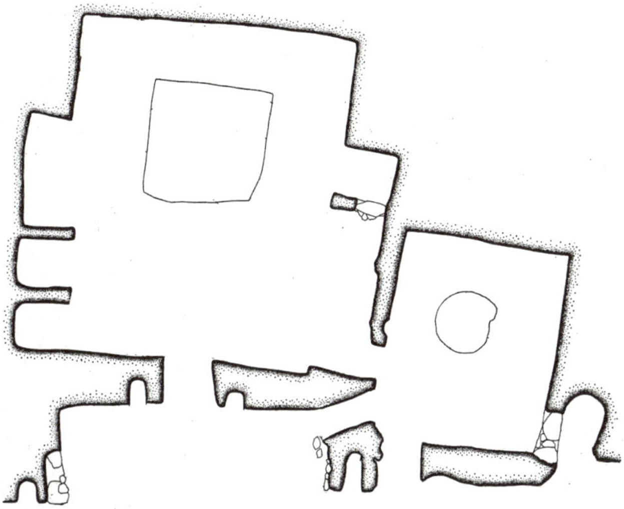

第487窟　平面图

念。传到中国之后，支提窟的形制在不同地域产生了不同的特点，其中敦煌及中原地区的中心柱窟已将窟中的佛塔演化成方形的楼阁式方柱，塔顶与窟顶连接，柱体四面开龛，龛内安置佛像。莫高窟有28个中心柱窟。

殿堂窟。本意是讲堂，即高僧为信仰者宣讲佛法之处。因为使用功能与寺院佛殿相似，所以又被称为佛殿窟。这也是中国石窟中最具典型性的窟形。敦煌这类窟形出现在最早一期洞窟（第275窟），北周时期开始取代中心柱窟而成为最流行、使用时间最长的窟形。晚唐开始，一些较大的殿堂窟中央有方形佛坛，即高于地面的泥台，上面放置佛像，有的佛坛后部边沿还设有背屏。

中心塔柱窟

背屏式殿堂窟

大像窟。是指窟内雕凿或塑造高大佛像的佛殿窟，窟前多附设多层木构楼阁。敦煌莫高窟的两座大像窟，分别为高26米的南大像和35米高的北大像，均开凿于唐代。

影窟。是指为了纪念已去世、有一定身份的僧尼的窟龛，类似于现在的纪念堂。莫高窟第17窟洪䛒（biàn）影窟最著名。

瘗窟。即瘗埋普通僧尼和世俗信徒骨灰及尸骨的窟龛，后来随着火葬流行，瘗窟逐渐减少，突出纪念功能的塔林增多。

僧房窟。即供僧尼生活起居之用的洞窟，性质同于寺院中的僧房。

南大像

北大像

阙（què）形龛（线描）

莫高窟的僧房窟集中在北区，共有50个。

仓储窟。是僧尼用来存储粮食和生活用品等物的场所。莫高窟北区有两个这样的洞窟（B187、B192窟）。

佛教石窟除了满壁刻绘佛像外，还需要设龛安置佛像，有双树龛、阙形龛等形式。开凿佛龛可以大大增加洞窟的使用面积，使洞窟可以容纳更多题材。目前北魏第254窟中心柱及南北壁共开17个龛，是敦煌开龛最多的一个洞窟。

石窟建造工程

一个洞窟的建成，其中凝聚着无数工匠的心血。跟现在建造楼房一样，开凿洞窟、绘画、塑像以及窟前建筑都需要很多时日方能完工。据《魏书·释老志》记载，河南龙门石窟中的宾阳三洞为6世纪初北魏皇帝所开，费时20余年；到了正光年间（520—525年）因内乱而中途停工，至此已经用工达“八十万二千三百六十六”。龙门石窟的奉先寺卢舍那大佛高达17米，为唐高宗所建，具体始建时间不详，学者一般认为在龙朔二年（662年）之前。根据窟内《大卢舍那像龛记》记载，咸亨三年（672年）武则天还捐2万贯“脂粉钱”助建，完工时间在上元二年（675年），足足建造了10余年。

在敦煌，开凿一座洞窟所需要的时间长短不等，有的断断续续耗时几十年才建成，有的功德主或财大气粗或政治地位高，一个洞窟可以很快建成。莫高窟第94窟的窟主是归义军节度使张淮深，人力物力自然不成问题，所以《建窟功德记》记载是“宏开虚洞，三载功毕”。

在洞窟壁面上留下的题记，是我们了解敦煌石窟建造情况最直接

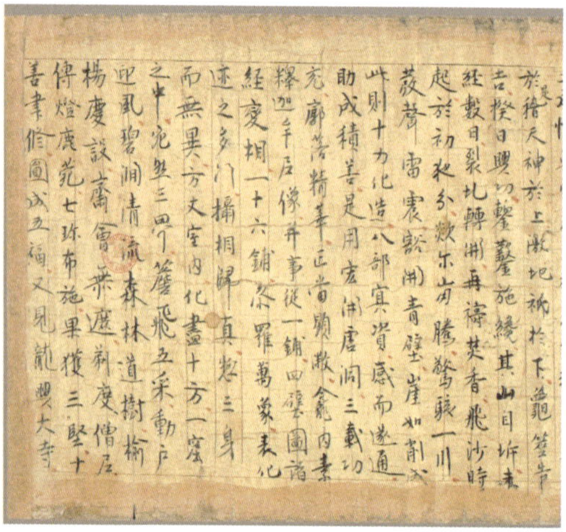

第94窟 《建窟功德记》

的“证据”。莫高窟第335窟主室东壁门上的发愿文有垂拱二年纪年（686年），而西壁龛外北侧观音像下的题记是长安二年（702年）。通过这两处历史遗留的珍贵记录，我们推断出这个洞窟开凿于武则天时期，前后修建时间至少长达17年。

第335窟 《说法图》

敦煌藏经洞上方的第365窟，窟主是吐蕃统治敦煌时期一位著名的僧人洪辩（？—862年），后来又出任首任河西都僧统（管理河西地区佛教事务的最高职位）。他的地位很高，修建洞窟自然就毫不费力，洞窟内的藏文题记提到此窟于水鼠之年兴建，木虎之年开光，也就是从832年到834年，仅仅用了三年时间就大功告成。

第二任河西都僧统翟法荣（？—869年）也在莫高窟开凿了自己的功德窟第85窟。保留在敦煌文献中的《造窟功德记》碑文（P.4640《翟家碑》）记载："兴功自敦牂（zāng）之岁，（毕功于）大渊之年。"敦牂为午年，始建之年正是他接任洪辩为河西都僧统，建造此窟明显

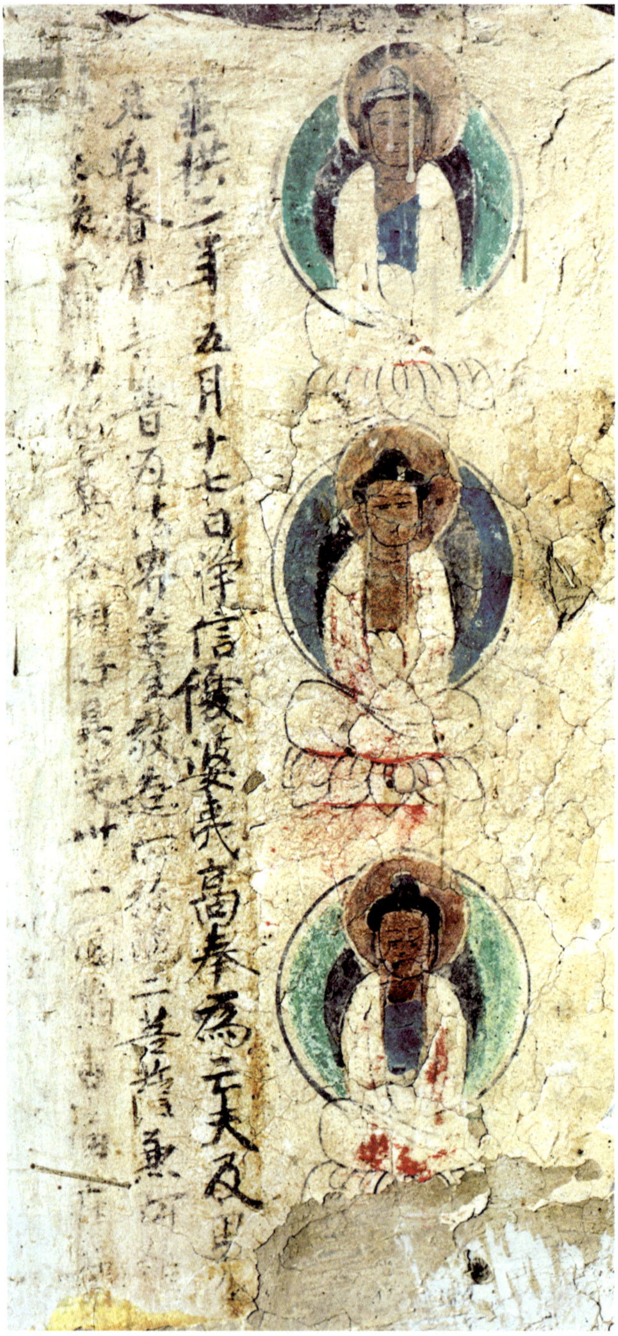

垂拱二年（686年）题记

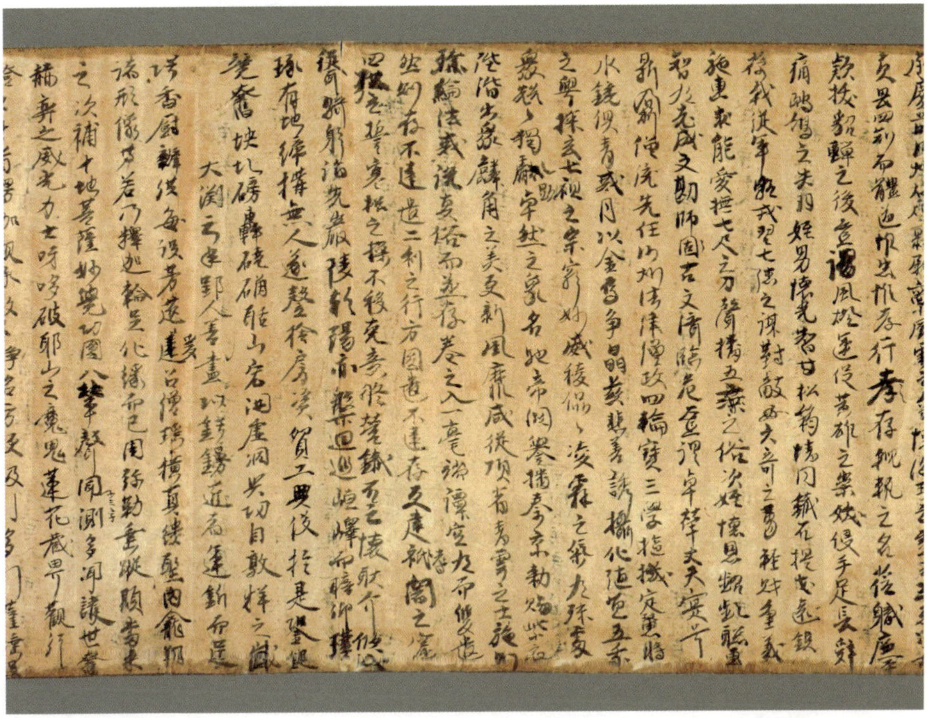

第85窟 《造窟功德记》

是为了纪念自己的晋升；大渊为亥年。也就是从862年到867年，这个洞窟的修建前后花了6年时间。

而有些家庙窟则在建成后的数百年间，一直由该家族管理、维修，最著名的就是贞观年间（627—649年）建造的第220窟（翟家窟）。根据窟内壁面上的纪年，绘于唐贞观十六年（642年）。一直到400多年以后，这个翟氏家族的后人仍精心维护着这个洞窟。他们在初唐壁画外面又抹上一层泥，画了其他壁画。

贞观十六年（642年）题记

第220窟　发愿文

有意思的是，并不是所有的洞窟营建都能有始有终。莫高窟位于崖壁上，开凿实属不易，所以往往有民间结社开凿的，也有半途而废的情况。比如第201窟西壁龛下《清河张氏造窟功德记》中提道："谨就莫高山岩第三层旧窟，开凿有人，图素（塑）未就，创修檐宇，素（塑）绘复终。"

谁修建了洞窟？

在石窟和造像碑上，我们经常可以看到绘画或刻有开窟者及其相关人物的画像，旁边题有名字，或者文字较多的发愿文，叙述造窟或造像的缘由与祈盼，造像者与亲属的身份等。这些人物形象，就叫作“供养人”。虽然它们多数是千人一面象征性的形象，但研究这些供养人像、其题名及发愿文，是我们近距离认知古代中国社会、佛教信仰、艺术与服饰等方面的重要资料。

在敦煌石窟的营建过程中，很重要的人物是“窟主”——顾

第100窟　供养人像

名思义，就是洞窟的修建者。有的是一人，有的是一家，有的是某一寺庙，有的是若干民众结社而建（社团窟，如莫高窟第96窟）。北魏晚期任瓜州（敦煌）刺史的东阳王元荣修建过一个大窟，一般推测就是现在的第285窟；北周瓜州刺史于义也建过一个大窟，学者考证出就是现在的莫高窟第428窟；而第290窟很可能是北周时期另一位瓜州刺史李贤所开凿。莫高窟第98窟窟主是曹议金，当时叫“大王窟”，因为他有“托西大王”之称。相邻的第100窟窟主是曹议金从甘州回鹘娶来的夫人，史书记载回鹘可汗常楼居，妻号“天公主”，所以此窟也叫“天公主窟”；夫妻本为一家人，却各开一窟，很有意思，想来大约是为了表示对甘州回鹘的尊重吧。

广义上的供养人还包括实际出资人的亡亲，他们并没有出资建窟，但依然“榜上有名”，因为一些洞窟具有家庙性质，需要将全家存亡者像都画上。有的洞窟甚至还画有当地权势官员，如宋代一个王姓家族重修了原建于隋代的莫高窟第427窟，甬道南壁却画上了当时归义军节度使曹元忠的形象，曹氏夫人的供养像画在对应的甬道北壁。

有的洞窟完成后，会在洞窟里立石碑以记事，“功德记”（“窟铭”）出自当地文人之手，叙述开窟的缘由、洞窟内容等，有的甚至还加上家族的历史、家庭成员的简历，更像是一种家谱式的记叙。石碑一般立在洞窟前室，多数已经不存，现存最完整的一块功德记碑是修建于今天莫高窟第148窟的《大唐陇西李氏莫高窟修功德碑记》，立于大历十一年（776年）。藏经洞文献中还保存了一些功德记碑的抄本，是研究石窟营建和敦煌历史的重要资料。

敦煌石窟中只有少数供养人像绘制细腻，有肖像画的意味，如莫

第130窟　女供养人像

高窟盛唐第130窟甬道南壁都督夫人供养像、五代第98窟于阗国王像、第409窟沙州回鹘国王与王妃像等。一些供养人服饰是当时流行的款式。站在洞窟里，这些壁面上的“陌生人”，似穿越时空与我们喁喁细语，讲述那段历史里的风云际会与人心皈依。

第98窟　于阗国王像

第409窟　回鹘国王像

第409窟　回鹘王妃像

工匠：洞窟的建造者

敦煌石窟的营建，离不开敦煌古代工匠。他们在窟主的雇佣下进行洞窟的开凿、修饰，最后完成画塑和窟外建筑。在敦煌藏经洞出土的一些古代寺院收支账单上，明确显示石窟营造工程一开始就有比较细致的职业分工，参与的工匠主要有6种：打窟人、石匠、泥匠、木匠、塑匠和画匠等。工匠内部也有一定等级的分工，都料、都画匠等带“都”字的属于师傅或领导级别，相当于现在的总工程师、包工头；技术好的、可以独立操作的称为“博士”或“师”，而一般劳作人员统称“工匠”，最为辛苦。

莫高窟的少数洞窟内还留有一些画工的字迹，如北周第430窟南壁天宫栏墙上有“从六月十一日”字样，该窟装饰纹样中还残留有画工的其他涂鸦，甚是有趣。在隋代第292窟、421窟等壁面上，还标有“青”“绿”“紫”等画工上色的标志（色标），这就是壁画上色彩分布的代号，一般在画稿完成后，师傅写上色标，由弟子涂色完成。

早期敦煌工匠的组织结构还不清楚，在敦煌文献中有不少五代宋

第292窟　“紫”字色标

第430窟　画工题记

时期的画院资料，其中有一份记于939年的净土寺账目（P.2032）：“面三胜（升），粟三斗，沽酒，看院生画窟门用。”宋初开凿的榆林窟第35窟有一身供养人题名是“施主沙州工匠都勾当画院使归义军节度押衙银青光禄大夫检校太子宾客竺保一心供养”。这些都说明当时敦煌的佛教艺术颇为兴盛，多数壁画应当出自当地画院的画工之手。

古代敦煌的工匠们，像历史上千千万万的普通劳动者一样，他们的劳动，包括他们伟大的艺术创造，都是默默无闻地奉献。我们今天欣赏和研究敦煌石窟，看到的不光是凝固在洞窟中1000多年的佛教尊像和标志，而是复活了1000多年的伟大艺术！

画稿

古代工匠在壁面上的创作，是灵感之作，还是参考严格的画稿？毫无疑问，绝大部分属于后一种情况。画稿，就是绘画之前的小样；因为有些小样上的线条有小孔，洒粉于上，下面的绢素、纸张等就落有粉，依粉而画线描，又称“粉本”，也就是今天我们说的蓝本。现在也把画工随意练习的白描画等草稿归纳到敦煌画稿的范围进行讨论，因此，广义上的敦煌画稿的数量有很多。在美国堪萨斯纳尔逊美术馆藏有一件敦煌写经，高 26 厘米，长 141 厘米，正面是一份佛教写经，而背面是画工的画稿练习。古人敬惜字纸，利用这件废弃的佛经来随意绘画，也让我们感受到生动的古代“随手画”！

敦煌画稿大致分为经变画、说法图、尊像画、其他（头光、花草等图案，鸟兽等动物，手印等）这几类底稿，其中佛教图像的粉本多数来自中原，部分为敦煌工匠所创。一般来说，粉本是绘画的范本，应该线描精致、结构严谨、布局合理，但敦煌资料中很少看到这样规范的样式，更多的是非常随意、粗略的白描画，也就是草稿，所以称

画 稿

画 稿（局部）

“画稿”比称“粉本”更合适一些。

一幅壁画的绘制不仅需要有画面底稿，还得有文字底稿，也就是榜题底稿（在敦煌画中有一些尊像画、经变画等有提示性文字，一般称为榜题），这些在敦煌遗书中都有所保存。研究这些底稿，有助于我们了解当时敦煌石窟的创作过程；同时，这些底稿也是敦煌画题材研究的重要资料。敦煌文献P.4966就是一份弥勒经变的榜题底稿。

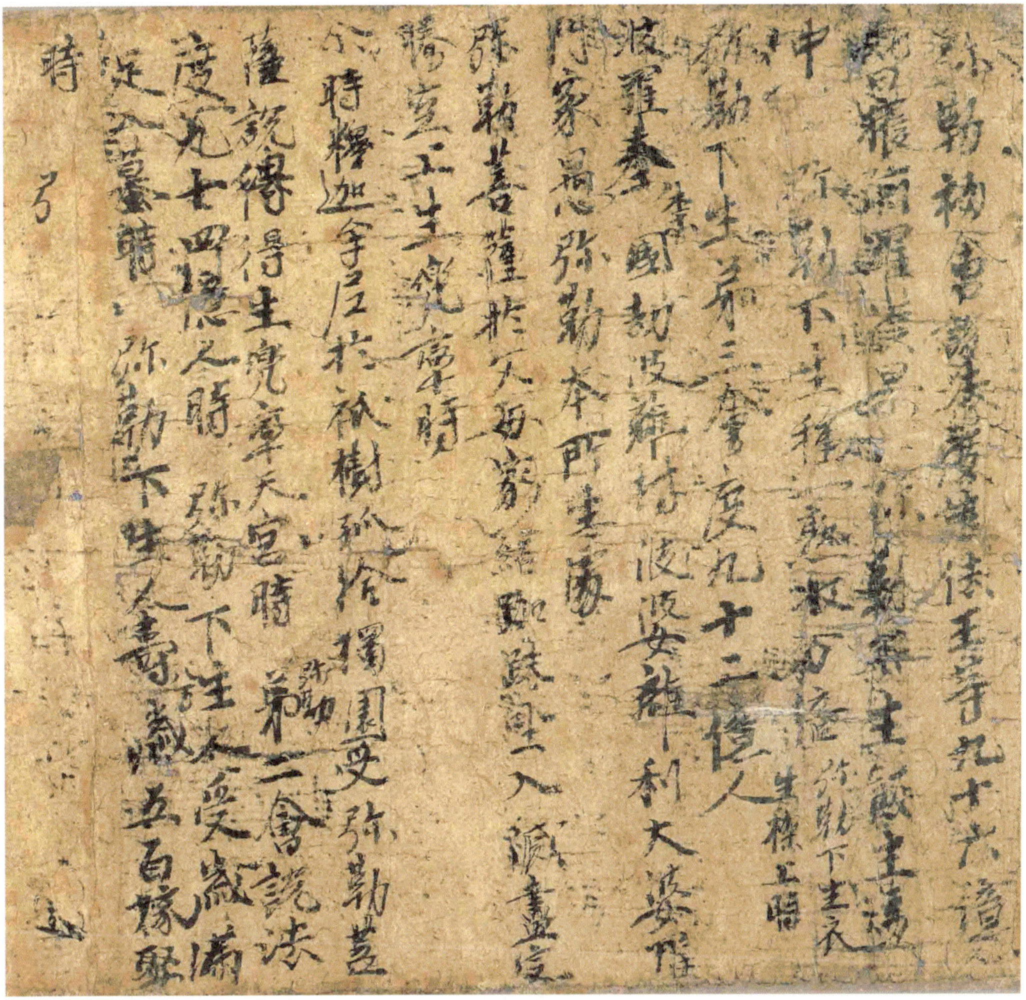

《弥勒经变》榜题底稿

敦煌石窟群

经常会听到“敦煌石窟”这个词，那，敦煌石窟是不是就等于莫高窟呢？很多人混淆了这两个概念。敦煌石窟是一个石窟群的概念，除了莫高窟，还包括榆林窟、东千佛洞、西千佛洞、五个庙石窟等几个主要石窟，以及一个庙石窟、旱峡口石窟等小型石窟。

其中，莫高窟的规模最大，现存洞窟数量735个（分南区、北区，北区有248个洞窟，主要是僧人居住、修行与埋葬之用的生活窟，只有5个洞窟有壁画；南区有487个洞窟，主要是有绘塑的功德窟。加上北区5个有壁画的洞窟，莫高窟有绘塑的洞窟合计有492个）。莫高窟壁画面积有5万多平方米，彩塑2000多尊。晚唐敦煌诗人范瑭彦用一首五言诗来描绘他眼里的莫高窟：“宝阁下云崖，灵龛万户开。涧深流水急，林回叶风吹。香露凝空下，祥花雪际来。诸公燃圣烛，荐福益三台。”（摘自敦煌文献S.4654《莫高窟纪游诗》）其中用“灵龛万户”这四个字形容莫高窟的窟龛之多，是再生动不过的。

敦煌石窟在佛教石窟中延续时间最长，按照敦煌历史来看，所经

榆林窟

历的朝代大致有（按实际统治敦煌的时间）：

十六国：366—439 年

北魏：442—534 年

西魏：535—556 年

北周：557—580 年

隋：581—617 年

唐：618—910 年

其中唐代敦煌石窟还可细分为初唐（618—710 年）、盛唐（710—786 年）、中唐（786—848 年，吐蕃统治）、晚唐（848—910 年，张氏归义军）等四个时期；

西汉金山国：910—914年

五代：914—959年

北宋：960—1035年

西夏：1036—1227年

元：1227—1372年

因为地处偏隅，敦煌的部分历史时间与中原略有不同，比如在五代初期，敦煌还有个短暂的独立政权西汉金山国；在北宋（曹氏归义军）和西夏之间，可能还存在着沙州回鹘政权，在莫高窟第237窟、409窟就绘有回鹘国王及王后像。对于这段历史，目前学者们还在不断探索中。

XIEGEI
QINGSHAONIAN
DE
DUNHUANG
GUSHI

写给青少年的

敦煌故事

走进早期敦煌石窟

北凉佛教与北凉石塔

佛教从新疆向东传播，第一站就是河西地区，其政治、经济、文化中心，魏晋以来就在今天的武威（即凉州）。凉州佛教和佛教艺术大多来源于当时西域的龟兹和于阗，这两个不同系统的佛教及其艺术在新疆以东首先融汇在凉州地区，形成自成一体的佛教艺术，学术界称之为“凉州模式”。北凉佛教及其艺术在中国佛教艺术史上占据了重要地位，其中酒泉文殊山石窟、武威天梯山石窟和北凉石塔是研究北凉佛教艺术的重要资料。

文殊山石窟位于甘肃省酒泉市以南15千米，是一处规模较大的佛教石窟群，从窟形和残存绘塑看，可能开凿于十六国时期。

天梯山石窟，又称凉州石窟，位于甘肃武威市城南50千米处天梯山脉的绝壁间，因山道崎岖、峰峦叠嶂、形如悬梯而得名。根据初唐史料记载，该处石窟由北凉统治者沮渠蒙逊开凿，“或石或塑，千变万化，有礼敬者，惊眩心目”。现存大小洞窟19个，属于北凉时期的洞窟大约5个，其中的菩萨像细目长眉，高鼻厚唇，具有西域风格，是

文殊山石窟　菩萨像

天梯山石窟　菩萨像

北凉洞窟的特征之一。

作为北凉时期雕刻的佛教文物，北凉石塔的制作代表了当时的雕刻技巧、审美观念与宗教内涵，是研究艺术史、宗教史不可或缺的一环。目前所知的北凉石塔共有14座，其中7座有纪年，位于今天的武威、酒泉、敦煌等地，最远出现在吐鲁番。北凉石塔的内容基本一致，多数存有刻经，显示了北凉佛教的统一性。许多石塔的塔基上还刻有神王和八卦符号，体现了中国传统文化与印度佛教文化的融合。由于石塔比较小，可能当时多被安置在家门前或交通要道中。

莫高窟最早的洞窟：北凉三窟

十六国时期（304—439年），敦煌经历了前凉、前秦、后凉、西凉、北凉五个王朝，其中张轨建立的前凉统治时间最长。河西一方相对平安，“天下方乱，避难之国，唯凉土耳”，这里成了躲避战乱的好地方。前凉建兴三十三年（东晋太元二十二年，345年），前凉设立沙州，领三郡三营（敦煌郡、晋昌郡、高昌郡，西域都护、戊己校尉、玉门大护军）。史料记载，当时前凉还统治着吐鲁番地区，要越流沙而治，敦煌自然成为前凉经营西域的坚强后盾。自汉代以来，陆续有中原人迁徙敦煌，十六国时期迁移者更多，在《晋书·李暠传》中记载，前秦在建元末年（385年）“徙江汉之人万余户于敦煌，中州之人有田畴不辟者，亦徙七千余户”。

《法显传》记载，法显在400年于张掖安居后才前往敦煌：“夏坐迄，复进到敦煌。有塞，东西可八十里，南北四十里。共停一月余日。法显等五人随使先发，复与宝云等别。敦煌太守李浩供给度沙河。”李浩既然资助法显西行，当然也是信仰佛教的。由此看来，十六国时期，敦煌佛教已经相当发达。

敦煌文献中有一件《十诵比丘戒本》(S.797)，是最早明确写于敦煌的一件佛教写经，题记提到一位比丘于前一年在敦煌城南受戒，说明当时敦煌已经有完整的僧团组织生活。关于十六国时期的敦煌佛教，

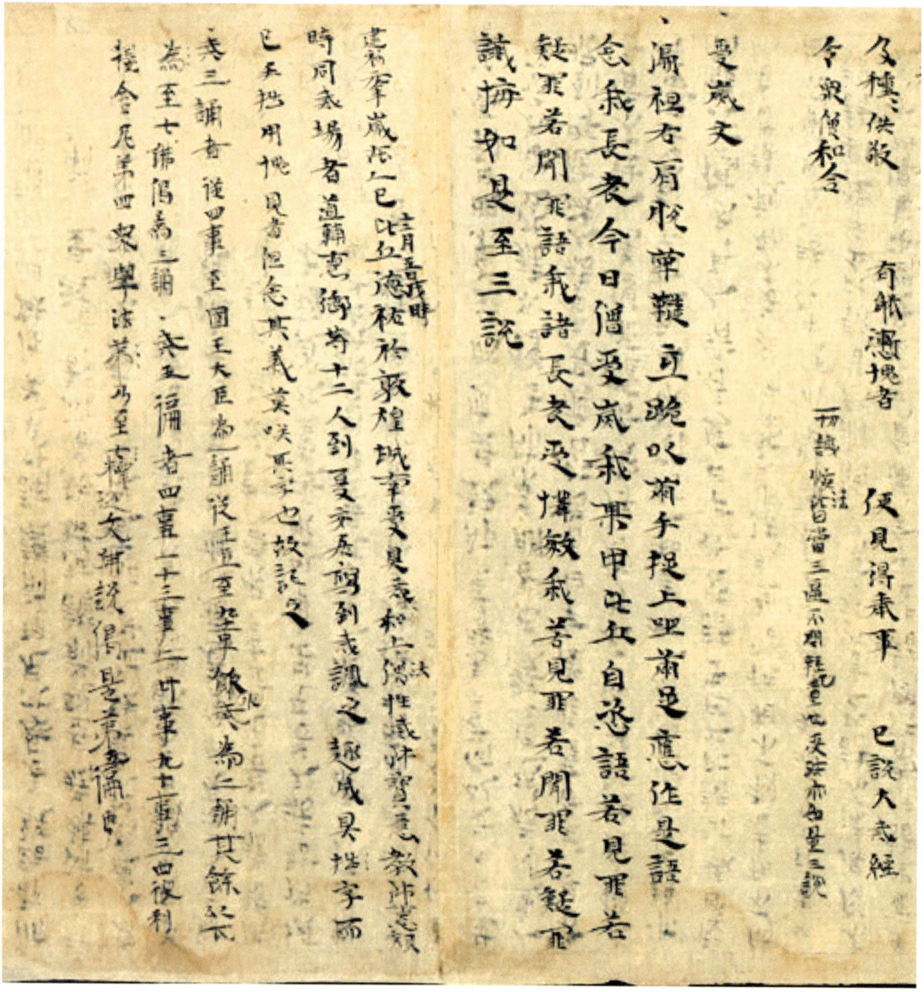

最早的写经题记

其他的文献资料并不多，我们更多地要从北凉石塔和莫高窟早期三窟（北凉三窟）中溯源那段历史中的佛教思想、佛教的传播，以及佛教艺术与中国传统艺术相结合的身影。

莫高窟最早的第268窟、272窟、275窟即早期三窟，经过考证，可能建造于北凉时期，学术界常称为“北凉三窟”。从所处位置看，这三个洞窟的上下为唐代洞窟，左右为北魏、隋代洞窟，属于现存最早一组洞窟是没有问题的；但要确定它们的具体年代，还存在许多困难。

究竟在这三个莫高窟最早的洞窟里藏着什么秘密？让我们走近一看。

第268窟是包括4个禅室的禅窟，在狭长的主室两侧，各开两个禅室（南壁西起为第267窟、269窟，北壁西起为第271窟、270窟），正壁龛内塑交脚佛一身。平顶，塑斗四平棋，存二方，每方有三个正方形相交，正中四方形内为宝池莲花，次正方形四角画二化生、二火焰纹图案，最外正方形四角各画一飞天。从内到外依次是莲花、化生、飞天，似乎表示天神的诞生次第。壁画经后代多次重修，西壁龛下表层有上下二组共12身供养人，其中上层6身比较清楚。

第272窟主室窟顶近似穹隆顶，塑斗四平棋井心，正中画一正方形，内画宝池莲花，外面塑出四个正方形，最外一个正方形的四角各画一飞天，其余三个正方形四角均各画一莲苞，类似第268窟窟顶平棋。窟外门两侧距地面0.9米处各开一大小相同的小龛，各塑禅定僧一身（北侧龛编为第273窟，塑披帽禅定僧，保存完整。南侧龛未编号，残存一禅定塑像泥胎）。主室正壁（西壁）开一龛，龛内塑倚坐佛（头部为近人补塑），高约1.4米。主室西壁龛外画供养天人数十身，南壁、

第268窟　交脚佛

第272窟　西壁全图

北壁画千佛围绕说法图（均为一佛二菩萨四弟子），东壁画千佛。

第272窟的主题可能是三世佛，即北壁过去佛（迦叶）、南壁现在佛（释迦）、西壁未来佛（弥勒）。四壁上方共画天宫伎乐22身，其中一身是牢度跋提，它的形象特征是大头，额上有一宝珠，沮渠京声译《观弥勒菩萨上生兜率天经》说，释迦弟子弥勒死后往生兜率天，宫中大神牢度跋提以神力修建善法堂。第272窟龛外两侧分别画4行、每行5身共计40身供养天人，最下一行供养天人坐在莲池的莲茎上，这些供养天人手姿呈各式舞蹈状，应该是表示诸天人围绕供养弥勒的场面。

第272窟　西壁南侧壁画

第275窟平面为纵长方形，正壁（西壁）不开龛，而是在壁前塑高达3.4米的交脚菩萨，坐在狮子座上，化佛冠，这是敦煌早期石窟中最大的一身塑像。窟外南侧有一小龛（编为第274窟），现存壁画均属隋代。考虑第272窟窟外两侧有附属龛，此小龛当是第275窟的附属窟，窟形较大，似乎隋代将窟形扩大许多，北侧是否有龛不详。

主室北壁画本生故事5铺，西起画毗楞竭梨王、虔阇（shé）尼婆梨王、尸毗王、月光王、快目王等本生故事。南壁画佛传之出游四门，西起第一幅为"见老人"，画一人骑马从城门出，前面有一老人，马后有一侍者，之间题"丑子"，可能是画工名字；第二幅为"见比丘"，有城门，城门前面有一比丘，因残损，未见马和骑者；第三幅画一人骑马从城门出，前面人物有残损，未能判定情节；第四幅残甚。南壁壁画情节虽然与故事发生次序有所不同，但判定出游四门当无大误。东壁内容因画面残破严重，可见房屋、僧人等，具体时代、内容有待考证。

佛教经典，俗称佛经，一般分为经藏、律藏、论藏三大类，是为"三藏"（唐代高僧玄奘精通经藏、律藏、论藏，所以《西游记》中称他为"唐三藏"），又细分为十二类，即十二部经（契经、应颂、记别、讽颂、自说、因缘、譬喻、本事、本生、方广、希法、论议），其中的因缘、譬喻、本事、本生等四类以故事说理，最易为广大信徒所接受，内容也多可入画，为佛教艺术中的常见题材。除佛教造像碑外，巴尔胡特（Bharhut）塔、桑奇（Sanchi）大塔、阿旃陀（Ajanta）石窟、龟兹石窟、云冈石窟、龙门石窟、麦积山石窟、小南海石窟、日本法隆寺等处均可见到绘画和雕刻的佛教故事。敦煌早期洞窟和隋代

第275窟　交脚菩萨

第275窟 《尸毗王本生》

洞窟中也有为数可观的故事画，相比于同时存在的千佛图像和说法图，显得生动活泼。

康法邃译《譬喻经》序云：“《譬喻经》者，皆是如来，随时方便四说之辞，敷演弘，训诱之要。牵物引类，转相证据，互明善恶罪福报应，皆可寤心，免彼三涂。”这里的譬喻是泛称各种故事。敦煌早期洞窟中的故事画就是用生动的情节来阐述佛教善恶、罪福、因果报应等思想的。敦煌北朝洞窟有13种22铺本生故事，存在早期各时代。

第275窟　供养天人

前文中我们提过，佛教和佛像都起源于印度，印度、中亚的佛教艺术风格主要有犍陀罗、马图拉两大流派，但很少直接传播到中国，造像题材的选择也有许多不同，我们还无法清晰地从早期三窟中整理出原汁原味的犍陀罗风格和马图拉风格。

在这三个洞窟里，我们注意到一些细节，比如第275窟南北壁上方的阙形龛采用了汉阙的造型，具有宫殿的表现效果。这个洞窟里一些菩萨、本生故事中的国王胸部有一对蛇，这在犍陀罗造像中并不陌生，同样的蛇形在莫高窟第254窟和云冈石窟中也可以看到；在一些菩萨的宝冠中出现弯月装饰，并一直流行到唐代，这种“仰月冠”也常见于波斯王冠。值得一提的是，仔细观察莫高窟第272窟、275窟菩萨、飞天等众多人物，你会发现其脸部、身体层层晕染，厚薄不一，从而产生立体感——这就是来自西域的一种绘画手法“凹凸法”。这些不同源流的艺术风格“不约而同”地汇聚在莫高窟的早期三窟，多样化的佛教艺术萌芽在处于丝绸之路要道上的敦煌石窟，这不能不说是敦煌的“使命”与荣光。

442年，北魏占领敦煌，此后的敦煌经历了北魏（442—534年）、西魏（535—556年）、北周（557—581年）三个朝代，莫高窟现存十六国到北周时期开凿的洞窟有30多个，一般称之为“敦煌早期洞窟”。

北魏时期的敦煌佛教

439年北魏灭北凉后，凉州的僧尼与士民向东迁移至首都平城（今山西大同市），同时也将北凉佛教与佛教艺术向东传播。460年云冈石窟始建，云冈最早的第16窟、17窟、18窟、19窟、20窟等5个洞窟因为是昙曜主持开凿而被称为“昙曜五窟”。昙曜就是来自凉州的高僧。后来，昙曜成为北魏的沙门统，管理整个北魏佛教事务，云冈石窟的艺术风格受到凉州佛教、西域佛教以及平城原有的文化艺术的多重影响；作为当时首都附近的石窟，云冈石窟的艺术风格又向周围地区辐射，于是学者们就把云冈石窟的艺术风格称为“平城模式”。敦煌的北魏佛教艺术也受到平城模式的影响。

入魏之初，敦煌一度荒凉，当时敦煌以西有柔然部落，年年在夏收之时入侵敦煌，掠夺粮食；经过几十年的战争，敦煌才安定下来。6世纪20年代初，皇室成员元荣赴任瓜州刺史，后封为东阳王，可见北魏政府对敦煌地位的重视。东阳王元荣信仰佛教，敦煌文献中保存了许多他的写经。

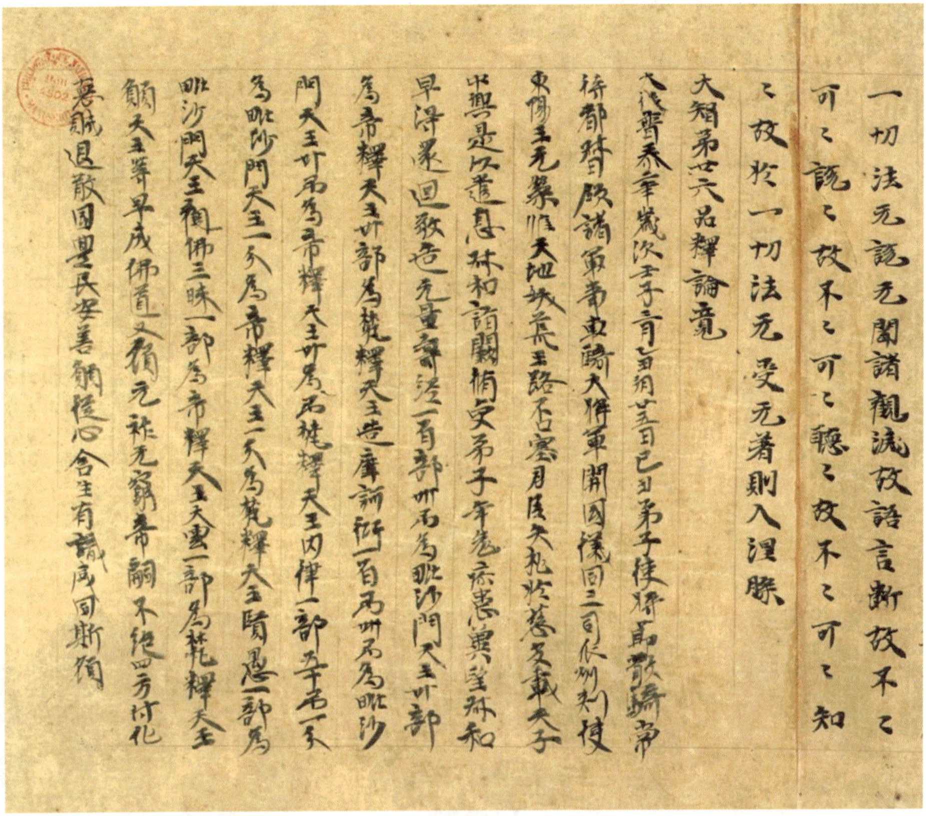
一切法无識无闇諸觀滅故語言斷故不々
可々說々故不々可々聽々故不々可々知
々故於一切法无受无著則入涅槃
大智第廿六品釋論竟
大代普泰二年歲次壬子三月乙丑朔廿五日己丑弟子使持節散騎常
侍都督嶺西諸軍事車騎大將軍開府儀同三司瓜州刺史
東陽王元榮惟天地妖荒王路否塞君臣失禮於茲多載天子
中興是以遣息叔和詣闕修受弟子年老疹患冀望叔和
早得還回敬造无量壽經一百部卌部為毗沙門天王卅部
為帝釋天王卅部為梵釋天王造摩訶衍一百部卌部為毗沙
門天王卅部為帝釋天王卅部為梵釋天王內律一部五十卷一分
為毗沙門天王一分為帝釋天王一分為梵釋天王賢愚一部為
毗沙門天王觀佛三昧一部為帝釋天王大雲一部為梵釋天王
願天王等早成佛道又願元祚无窮帝嗣不絕四方付化
惡賊退散國豐民安善願從心含生有識咸同斯願

东阳王元荣写经题记

敦煌研究院藏敦煌文献《大慈如来告疏》可能是敦煌最早的北魏时期的佛教史料，相当于现在的传单，具有鲜明的民间佛教信仰色彩。敦煌还出土了若干北魏皇室信仰佛教的资料，比如一件在莫高窟窟前遗址中发现的太和十一年（487年）广阳王施造的刺绣佛像。敦煌文献中还有一批为数不少、在511—514年间敦煌经生的写经，这批抄经有多种佛经，说明当时敦煌的佛教是相当发达的。

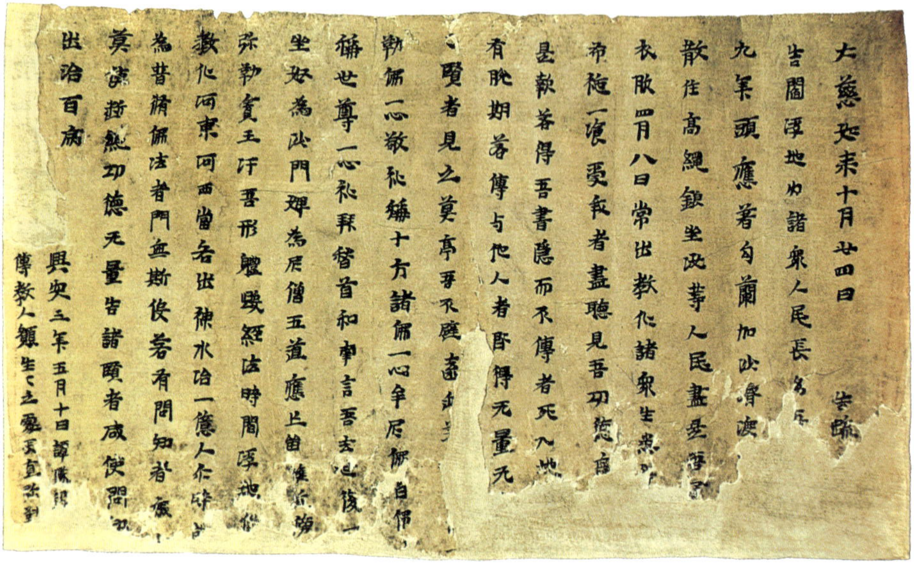

《大慈如来告疏》

北魏刺绣

北魏石窟艺术

北魏统治敦煌近百年，在这个时期，敦煌比较安定，百姓安居乐业，佛教随之盛行，在莫高窟留下8个洞窟（第251窟、254窟、257窟、259窟、260窟、263窟、265窟、487窟）。这些洞窟大约开凿于5世纪末至6世纪初，除第487窟为禅窟外，均为中心柱窟，窟形非常规整，内容最丰富的是第259窟、254窟、257窟。

第259窟东壁已经崩毁，主室正壁龛内塑释迦、多宝佛并座说法，这是佛教造像中常见的题材，依据鸠摩罗什译《法华经》制作，推测第259窟可能是一个以法华经信仰为主题的洞窟。南北壁开多个上下层龛，多数龛内塑像保存原样，未经后代改造，是这个时期塑像的经典之作。

第254窟是中心塔柱窟，南、北壁东侧各有两组大幅故事画。南壁西起本生（萨埵太子本生）、佛传（降魔变），北壁西起本生（尸毗王本生）、佛传（难陀出家），都是宣扬释迦牟尼生平事迹和前生善行的故事。除了尸毗王本生见于早期的第275窟，其余三幅故事画都是新

第259窟　禅定佛

出现的题材。

第254窟中心柱东面龛内佛座两侧各站立一身外道，北侧一身手托骷髅、南侧一身手握小鸟，这是北魏至初唐流行的一种题材，云冈石窟、小南海石窟、佛教造像碑等都有，敦煌壁画中有30组，敦煌以外地区有27组。鹿头梵志作一外道形象，举骷髅做观察状；五个骷髅，判定男女、死亡原因、治疗方法、死后往生之处等。尼乾子为一外道形象，持鸟于胸前，或举鸟做观察状，或举鸟过头顶，有的有头光。执雀外道即离系子、尼乾子，就是现在耆那教的祖先，为释迦牟尼时

第254窟　《尸毗王本生》(局部)

代九十六种外道的代表。在佛教造像中这两名外道一般都位于佛座两侧，屈身裸形，形象卑小，与高大端庄的佛像形成鲜明的对比，从而衬托佛祖智慧、佛法精深。从北魏一直到初唐都有绘制。

情节性的故事画是这个时期最重要的壁画类型，画家们尤其擅长用绘画的方式来阐述佛教思想。在莫高窟第257窟，我们看到了熟悉的九色鹿故事，这是宣传因果报应思想的佛教故事。这幅九色鹿本生画采用横卷式多画面连环故事画形式，采用了两头开始，中间结束的独特构图，构思十分巧妙，也被誉为莫高窟最经典的壁画之一。

第257窟　《九色鹿本生》（局部）

西魏时期的敦煌石窟

时光转眼间到了534年，北魏分裂为东魏和西魏，敦煌隶属于西魏。一如北魏，西魏佛教亦十分兴盛。

莫高窟的西魏洞窟计有10个，其中第286窟、247窟均为很小的窟龛，第249窟为殿堂窟，第285窟为禅窟，其余都是中心柱窟，可见西魏时期中心柱窟仍很流行。随着北魏孝文帝推行改革，南朝秀骨清像、褒衣博带、神气飘然的艺术风格也传到北方，敦煌艺术深受影响。莫高窟第249窟、285窟为西魏代表窟，两窟在内容上颇有些类似，而且多数题材“昙花一现”，比如第285窟窟顶的神仙人物和伏羲、女娲，就不见于以后的洞窟中。

第249窟为殿堂窟，正壁（西壁）开一龛，龛内塑倚坐佛。南壁、北壁中央画说法图，四周画千佛，最上面一层是天宫伎乐，最下面是护法地神（药叉）。窟顶画中国神话传说题材，西披画脚踩大海的黄帝像（以前认为是阿修罗神），两侧各画一条巨龙，周围环绕雷神、风神等，体现了黄帝的威武神圣。西披雷神画成一有翼神灵，四肢击打着

第249窟　西壁

第249窟　黄帝像

12只连鼓，（东汉）王充《论衡》卷六提到的雷神是：“图画之工，图雷之状，累累如连鼓之形。又图一人，若力士之容，谓之雷公，使之左手引连鼓，右手推椎，若击之状。其意以为雷声隆隆者，连鼓相击之意也。”图画与王充的描述基本一致。其余三披内容有三皇（天皇十三首龙身、地皇十一首龙身、人皇九首龙身）、玄武、朱雀、东王公、西王母等。这些中国神话传说题材在第285窟的窟顶也存在，图像也类似，可能出自相同的粉本。

第285窟主室南壁、北壁各开4个禅室。正壁（西壁）正中开一大龛，塑倚坐佛，两侧各开一小龛，塑禅定比丘，龛间主要画大自在天等印度诸神。窟顶四披主要画伏羲、女娲、雷神等中国神话诸神。东

第249窟　雷神

壁门两侧各画一铺说法图（北侧一铺存尊像题名“无量寿佛”）。南壁画五百强盗成佛缘、度恶牛缘（以上为因缘故事画）、沙弥守戒自杀、度跋提长者姊（以上为戒律故事画）、施身闻偈（本生故事画）等5组故事画和1铺释迦多宝并座说法图。

第285窟的窟顶东披摩尼宝珠两侧画有伏羲、女娲，敦煌石窟仅此一见。北侧为伏羲，人首龙身，胸有一轮（现在看不出是否画有三足乌），左手持墨斗，右手持直尺（矩）。南侧为女娲，也是人首龙身，胸有一轮（现在看不出是否画有蟾蜍或月兔），双手各持一圆规。伏羲、女娲图像在汉代之前就出现，但从出土文物看，汉代及其以后数量多、分布广，一直流行到唐代。山东嘉祥武梁祠西壁汉画像石中刻有执矩伏羲、执规女娲，二人均人首龙身，尾部交缠。唐代道绰《安乐集》卷下依据一部南北朝时期编造的伪经《须弥四域经》解释伏羲、女娲是佛教宝应声菩萨、宝吉祥菩萨："《须弥四域经》云：天地初开

第285窟　窟顶东披

之时，未有日月星辰，纵有天人来下，但用项光照用。尔时人民多生苦恼，于是阿弥陀佛遣二菩萨，一名宝应声，二名宝吉祥，即伏羲、女娲是。此二菩萨共相筹议，向第七梵天上取其七宝，来至此界造日月星辰、二十八宿，以照天下，定其四时，春秋冬夏。时二菩萨共相谓言：所以日月星辰、二十八宿西行者，一切诸天、人民尽共稽首阿弥陀佛，是以日月星辰，皆悉倾心向彼，故西流也。”原来第285窟的窟顶东披画的是宝应声菩萨、宝吉祥菩萨取摩尼宝珠造日月星辰、二十八宿诸故事。

东阳王元荣与莫高窟第285窟

北魏晚期的敦煌历史与东阳王元荣关系密切，综合不少史料，元荣就是见于记载的瓜州刺史。他在瓜州任职近20年，团结依靠当地豪族的支持，使得敦煌在中原战乱不断、社会生产力遭受严重破坏的情况下，保持相对稳定，经济繁荣发展。元荣卒年不详，但资料显示他死于敦煌任上，并曾开凿一个较大的洞窟（一般认为是今天的莫高窟第285窟）。

这位东阳王信仰佛教，他在敦煌写了许多佛经作为功德，保存下来的也有不少。在他的倡导下，莫高窟开窟造像之风盛行，对敦煌佛教艺术的发展做出了重要贡献。

值得一提的是，第285窟堪称莫高窟艺术之最。我们从北壁供养人题记中可以得知，此窟约完工于西魏大统五年（539年）前后，这就与元荣任职时间接近。此窟艺术精湛，非一般百姓所能投资建造。北壁西侧说法图下方绘有四身穿贵族服饰的供养人，很可能就是元荣夫妇，所以此窟为元荣所建洞窟的可能性很大。它是敦煌北朝石窟中唯一有

第285窟　《说法图》

确切纪年的洞窟，窟顶的四披壁画既表现了佛教题材，又有中国传统的道家题材以及畏兽和祥瑞动物的形象，深受魏晋时期“佛中有道，道中有佛”这一观念的影响，也凸显当时敦煌地区的文化具有包容并蓄的特点，多种宗教文化能够在这里并存。

建平公于义与北周时期的敦煌

北周时期（557—581年），敦煌的北面是世代结亲的突厥，南面是吐谷浑，被北周联合突厥压服，故而也没有造成什么威胁。敦煌往西是西域，北周采取“通好于西戎”的政策，因而丝路畅通无阻，敦煌成为宇文王朝的西部重镇。这个时候，敦煌的大姓令狐氏、京兆望族（京兆，西安古称）韦氏、陇西李贤、建平公于义等先后执政，敦煌社会稳定，经济发展，佛教昌盛，名声在外。

莫高窟现存北周洞窟有15个，在西千佛洞以及五个庙石窟中的部分洞窟也开凿于同期。北周短短二三十年间所营建洞窟几乎是此前100多年所开洞窟的总和。

从洞窟形制来看，北周洞窟多单龛窟，北魏以来流行的中心柱窟数量已逐渐减少，其中第290窟、428窟是这一时期的代表窟。

第290窟窟主可能是北周的瓜州刺史李贤。李贤是周武帝小时候的玩伴，他到敦煌当刺史的时候，皇帝“降玺（xǐ）书劳（李）贤，赐衣一袭及被褥，并御所服十三环金带一要、中厩马一匹、金装鞍勒、

第290窟 《胡人驯马图》

第290窟 雕塑

杂彩五百段、银钱一万”。该窟中心柱西面龛下方画胡人驯马图，马夫为高鼻深目的胡人，头戴白毡帽，身穿小袖褶，脚蹬长靿（yào）靴，一手拉缰绳，一手举鞭，两眼圆睁，正在驯马。枣红马则抬起一只前腿，后腿弯曲，屁股后坐，低头，做准备挨打但又不服状。这匹骏马背上有一副空鞍，也许就是周武帝所赐“金装鞍勒”的中厩马。

北周时期的塑像在人体比例上出现了前所未有的变化，即头大、身长、腿短，人物面相方圆而丰满，这可能是张僧繇（yáo）“面短而艳”的风格。第290窟的雕塑完整精美，都是原作，是北周彩塑艺术的代表作品。

第428窟是莫高窟早期最大的一个洞窟，绘有1000多身供养人像。

第428窟　主室

第428窟　庆仙像

东壁门南供养人中一身比丘像题名是“晋昌郡沙门比丘庆仙供养”，而庆仙之名又见于S.2935天和四年（569年）《大比丘尼羯磨经》写经题记：“天和四年岁次己丑六月八日写竟，永晖寺尼智宝受持供养，比丘庆仙抄讫。”因此学者们推测此窟建造于天和四年（569年）前后，当时建平公于义任瓜州刺史，这有可能就是《莫高窟记》所记载的“建平公窟”。

故事画的流行

北周洞窟壁画内容比较丰富，出现一大批新的题材，其中有大量故事画，情节曲折，记叙详细。其中，本生故事是讲述释迦牟尼生前的各种善行，宣传“因果报应”“苦修行善”，如“萨埵太子舍身饲虎”“尸毗王割肉救鸽”“九色鹿舍己救人”等，北周时期新增加了“须达拿太子本生”“善事太子本生”“睒（shǎn）子本生”等故事题材。虽然都打上了宗教的烙印，但仍保持着神话、童话或民间故事的本色。

还有一类是因缘故事，关于佛门弟子、善男信女和释迦牟尼度化众生的故事，往往内容离奇，情节曲折，颇有戏剧性。在莫高窟第296窟的窟顶西披、北披，绘制了一幅生动的因缘故事“微妙比丘尼受难”，通过一幅幅生动的画面展示种种情节，刻画细腻。

佛教故事画中，佛传故事也是敦煌早期壁画中广泛流行的题材，主要宣扬佛祖释迦牟尼的生平事迹。其中许多是古印度的神话故事和民间传说，佛教徒们经过若干世纪的加工修饰，附会在释迦牟尼身上。在北周第290窟中，佛传故事被画在窟顶前部人字披的东、西两披，

第 296 窟　《微妙比丘尼故事》

第 290 窟　《箭射七鼓》

作横卷式六条并列，“S”形走向绘制，共87个画面，总长27.50米。这幅佛传故事讲述了从能仁菩萨入梦投胎，树下诞生，直至悉达太子出家成道的全过程，分三组：1.释迦牟尼降生时的种种祥瑞，描绘其不同常人，以表明释迦牟尼出世时就与众不同；2.表现释迦牟尼不慕世荣、抛弃名位、坚持出家的行为；3.释迦牟尼修行成道，初转法轮，度化比丘。最后，释迦牟尼在鹿野苑初转法轮的画面安排在中心柱正面的上方，显然是要突出这个内容。这样的长篇连环画，在我国佛教故事画中是罕见的。

第428窟《须大拿太子本生》。“须大拿”一词是梵文音译，意为“善施”“好爱”，故事讲述叶波国须大拿太子乐善好施，甚至拿镇国之宝大白象用于施舍，被国王驱逐至檀特山思过12年；须大拿施舍之心不灭，继续施舍，因为前世乐善好施，终于来世成佛，是宣传佛教因果报应思想的著名故事。许多佛经提到此本生，也是佛教造像中最流

第428窟　《须大拿太子本生》

第296窟　《福田经变》

行的题材之一，印度、中原的佛教造像中极多。第428窟东壁北侧以横卷式连环画形式画出，分3层画出24个画面，总长度达12米。

第296窟《福田经变》。敦煌有2铺《福田经变》，见于北周第296窟、隋代第302窟（此窟有开皇四年（584年）题记）。“福田”是佛教术语，为植福之意，犹如农民“春种一粒粟，秋收万颗子”。佛教说它也有一种“福田”，“种丝发之德本，获无量之福”，或曰“供之得福，进可成佛”。佛教所说的福田乃指“广施”，即广泛施舍。《佛说诸德福田经》云：“广施名曰福田，行者得福，即生梵天。”《福田经变》所画内容都是依据下述经文：“佛告天帝，复有七法。广施名曰福田，行者得福，即生梵天。何谓为七？一者兴立佛图、僧房、堂阁；二者园果浴池，树木清凉；三者常施医药，疗治众病；四者作劳坚船，济度人民；五者安设桥梁，过度羸（léi）弱；六者近道作井，渴乏得饮；七者造作圊（qīng）厕，施便利处。”第296窟《福田经变》一共绘出6个情景：1. 一群人在建造房屋（第一事）。2. 围墙内树木葱郁，三人在树林间（第二事）。3. 三人在给一病人喂药（第三事）。4. 一男一女骑马准备过桥，身后站立二侍从，前面桥上两匹马驮着货物（第五事）。

5. 五人在井边给牲口饮水（第六事）。6. 一座豪宅，内一人弹琵琶，二人倾听（比丘因缘）。经文中的“七事”画出五件，其中第四件事（造船渡民）、第七件事（建造厕所）没有画出。最后一个豪宅画面不是七事之一，而是讲述七事中第一事“兴立佛图、僧房、堂阁”的因缘，即一比丘前世为长者子时建造小精舍，供养僧人，其他“行路顿乏，亦得止息”，因此今世成为佛的弟子。该经还讲到数则其他因做善事而得善报的故事，亦类似因缘故事。

XIEGEI
QINGSHAONIAN
DE
DUNHUANG
GUSHI

写给青少年的
敦煌故事

敦煌石窟里的隋唐记忆

隋代崇教寺舍利塔

577年，北周灭北齐，统一北方。581年，北周贵戚杨坚篡权，建立隋朝，杨坚即隋文帝，年号开皇。589年，隋灭南陈，统一南方，结束了魏晋南北朝将近300年的分裂局面。

隋代重视对西域的经营，607年，隋炀帝派裴矩到张掖主持贸易和联络西域各族。裴矩在张掖任职期间，结交西域官商，了解各国的自然、地理、风俗、礼仪、物产等，写成《西域图记》。书中记载了西域44个国家的情况以及与中原王朝的密切关系，并招引西域的商人到长安、洛阳等地进行贸易活动。609年，一场盛大的国际贸易交易会在河西走廊上演，西域二十七国的商旅使者云集甘、凉一带，隋炀帝亲临会见使者，张掖一带的百姓着盛装观看，队伍长达数十里，展现了一派繁荣景象。在敦煌隋代壁画上还可以看到西域艺术风格的壁画，如第420窟一身菩萨塑像的天衣上的联珠纹内画有胡人骑象斗虎图，这是流行于中亚的艺术题材，我们可以在1999年在太原附近发现的中亚人虞弘墓中见到类似图像。

第420窟　《胡人骑象斗虎图》

第420窟　《胡人骑象斗虎图》（线描）

《虞弘墓骑象斗虎图》

《虞弘墓骑象斗虎图》（线描）

隋代对敦煌也十分重视，官员由中央直接任命，如开皇十三年（593年）独孤皇后异母兄独孤罗担任使持节和凉、甘、瓜三州诸军事总管、凉州刺史。敦煌文献中有多件皇后在开皇九年（589年）的写经，题记都是一样的：“大隋开皇九年四月八日，皇后为法界众生敬造《一切经》，流通供养。”

《隋书》卷五三记载刘方是长安人，583年以后任甘州、瓜州刺史一直到仁寿年间（601—604年）。1954年在西安郭家滩发掘清理隋代姬威墓，出土墓志表明墓主人姬威是洛阳人，太子勇的幸臣。在大业三年（607年）任龙泉太守，大业四年（608年）转为敦煌郡郡守，一

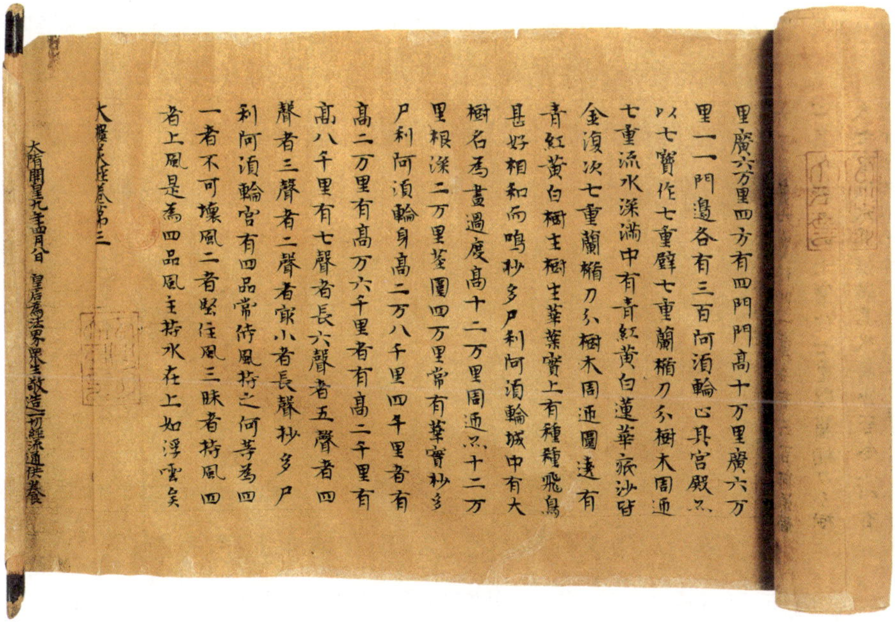

皇后写经

直到610年卒为止。敦煌官吏中还有南朝出身的周法尚，他担任敦煌太守的年代大约为609年以后。

589年，隋灭南陈，迁移了一些南陈臣民至边州，“给田业使为生，岁时赐衣服以安全之”，其中长沙王叔坚等就迁到敦煌。南朝佛教兴盛，在一定程度上，隋代的敦煌佛教也受到南朝影响，当时敦煌石窟所表现的艺术水平、佛教思想也形象地体现了敦煌与中原、南朝的密切联系。

隋文帝曾三次下诏建舍利塔（指存放佛祖释迦牟尼或后世高僧舍利子的塔），分别在仁寿元年（601年）、仁寿二年（602年）和仁寿四年（604年），在全国建舍利塔，总数约110处，现存和考古发掘的有十六七座。

《广弘明集》卷一七收录有仁寿元年（601年）《隋国立舍利塔诏》，提到首次设立舍利塔的州名，其中就有瓜州（敦煌），但没记录寺院名字。同卷所附王劭《舍利感应记》也提到“瓜州于崇教寺起塔”，同样没有说明崇教寺的具体位置。而根据敦煌文献记载，崇教寺在莫高窟。圣历元年（698年）李克让《李君莫高窟佛龛碑》（《圣历碑》）云：“爰自秦建元之日，迄大周圣历之辰，乐僔、法良发其宗，建平、东阳弘其迹，推甲子四百他岁，计窟室一千余龛，今见置僧徒，即为崇教寺也。”这里的“大周”就是武则天建立的“大周”（武周）政权。第427窟是隋代最大的洞窟，可能隋代舍利就是安置在这个洞窟里面（可能是洞窟中央的地面下方，现在地面上存有遗迹）。

仁寿元年（601年）第一次颁发舍利的30个州中，敦煌（瓜州）是河西地区唯一的一州，也是当时最西面的，这与敦煌地理位置的重

第427窟　主室

要性有关。崇教寺在盛唐以后湮（yān）没无闻，藏经洞文献中涉及各寺院的资料以莫高窟的三界寺为多，可能是由隋代崇教寺改名而来。

隋代开凿了100多个洞窟

保留下来的历史文献与实物资料显示，隋代敦煌佛教十分兴旺。敦煌藏经洞出土的文献中有一大批敦煌隋代写经，既有敦煌本地人所写，也有敦煌僧人从中原抄回，如敦煌文献《摄论疏》（S.2048）的尾题是："仁寿元年八月廿八日，瓜州崇教寺沙弥善藏在京辩才寺写《摄论疏》，流通末代。"而另一份敦煌文献《涅槃经》（S.2598）的写经题记则显示，这是善藏在大业二年（606年）为亡母所写。

隋代建造舍利塔后，大大推动了敦煌佛教的发展。莫高窟现存有壁画的492个洞窟中，约110个为隋代新建，完整的有80个左右，多数位于崖面二层以上，保存状况较好，保留下的画塑也较多。这个时期洞窟形制少数继承早期的中心柱窟形式，如第292窟、427窟；多数洞窟则是殿堂窟，如第244窟、419窟、420窟等。从整体来看，隋代的敦煌石窟艺术与中原保持一致，万里同风。

学者们将保存比较完整的约80个隋代洞窟分为三期：

一期窟：7个，分别为第250窟、266窟、302—305窟、309窟；

隋代塑像

改绘北朝第268窟。

二期窟：33个，分别为第253窟、262窟、274窟、292窟、293窟、295窟、312窟、315窟、402—407窟、410—414窟、416—423窟、425窟、427窟、429窟、433窟、434窟、436窟。其中第420窟为三龛窟，第292窟、427窟为中心柱窟，其余均为一龛窟。

三期窟：40个，分别为第56窟、58窟、59窟、62窟、63窟、64窟、244窟、255窟、276—284窟、298窟、313窟、314窟、317窟、318窟、362窟、379窟、383窟、388—401窟、426窟。

未列入分期的隋窟还有30个左右，多数不完整。另外，西千佛洞的一些洞窟也存有隋画痕迹，但数量很少。隋代短短的37年历史，却是敦煌石窟开凿最频繁的时期，留下了数量众多、艺术精美的经典作品。

隋代敦煌莫高窟有3个洞窟存有具体营建年代，分别是第302窟（584年）、第305窟（584年和585年）、第282窟（613年），对于判定其他洞窟的时代具有重要的标尺作用。

我们注意到，在莫高窟第390窟北壁有“幽州总管府长史”的题记。隋代幽州在现在北京一带，是北方重要的军事重镇，主要防御突厥入侵；敦煌与幽州距离较远，这条“幽州总管府长史”题记为何会出现在莫高窟？很可能是北周瓜州刺史李贤有子李询、李崇，《隋书》记载李崇在开皇三年（583年）任幽州总管，幽州总管府长史或许就是指李崇；李贤后人在唐初复迁居敦煌，则第390窟或许与李家存在关联。

莫高窟在隋代开凿的洞窟多数是数米见方的小窟，墙壁上多数绘

第390窟　供养人题记

题记（局部）

千佛、说法图，大约是一般民众信徒开凿的功德窟。大型的洞窟有第244窟、292窟、419窟、420窟、427窟等，虽然数量不多，但艺术都十分精湛，可能属于官窟或高僧开凿的洞窟。其中第292窟、427窟可能是当时的官寺崇教寺所修建。

密体画与疏体画

隋代政治一统，南北文化也趋融合。《历代名画记》卷八曾将南方的董伯仁与北方的展子虔进行比较："初，董与展同召入隋室，一自河北，一自江南，初则见轻，后乃颇采其意。"记载展子虔的画有"《法华变》（白麻纸）《长安车马人物图》《弋猎图》《杂宫苑》《南郊》（白画）《王世充像》《北齐后主幸晋阳图》《朱买臣覆水图》，并传于代"。董伯仁的画有"《周明帝畋游图》《杂画台阁样》《弥勒变》《弘农田家图》《隋文帝上厩名马图》，传于代"。这两位南北画家各有专长，但所擅长的一些题材是相同的，如《法华变》与《弥勒变》，《弋猎图》与《畋游图》等，六朝画风与北朝艺术成就得以相互借鉴和交流，因此在敦煌隋代洞窟中的造像题材与艺术风格出现许多新的因素，隋代艺术具有承前启后的特点。

隋代多数洞窟主要是绘千佛图像和说法图，故事画集中在莫高窟第302窟、417窟、419窟等少数几个洞窟中，新出现的题材只有《流水长者子本生》，并且与《金光明经》关系密切。

南北朝后期开始出现经变画。所谓“经变画”就是将佛经进行图解，用图画来解释某部佛经的思想内容。与北朝时期流行的本生、因缘与佛传故事画不同，经变画不是提供给僧侣们坐禅观想用，而是为了向广大信徒们宣扬佛经的真正内涵。敦煌在北周时期就出现了数量不多的经变画，直到隋代，才成为敦煌佛教艺术的重要题材。

走进莫高窟第419窟、420窟，观众仰头观看窟顶的时候会有一种密密麻麻的视觉感，这可不是随意涂抹的画面，而是隋代很流行的“密体画”。这两个窟顶部绘有《法华经变》，有许多情节，每个画面不

密体画

大，但密集紧凑，人物活动在山川屋宇之间。这种“密体画”画风以隋代著名画家展子虔、郑法士为代表，属于“中古之画”，即南北朝流行的风格，是中原艺术风格直接、迅速传到敦煌的一个可靠例证。《历代名画记》卷一提道：“中古之画，细密精致而臻丽，展、郑之流是也。”

“若知画有疏密二体，方可议乎画。”不仅有密体画，隋代还流行一种疏体画，顾名思义，就是画面疏朗简洁。《历代名画记》卷八叙述北齐杨子华的画风时，引阎立本的评语是：“自像人已来，曲尽其妙，简易标美，多不可减，少不可逾，其唯子华乎。”莫高窟隋代第276窟是疏体画的代表，该窟在高2.2米、宽3.1米的北壁通壁只画了一主尊菩萨和二胁侍菩萨，共三尊像，南壁面积相等，通壁画一佛二弟子二菩萨，共五尊像。西壁龛外南侧绘文殊菩萨，北侧画维摩诘居士，这也是最简略的维摩诘经变。与密体画“人物非所长”不同的是，疏体画中的人物形象高大，注重性格描绘，而背景相对简略。从整体观看第276窟的山石人物，有开阔辽远之感，多一人一景则杂乱，少一人一景则有缺，属于真正的“简易标美之作”。虽然这个窟不大，但今天只要人们提及莫高窟隋代艺术，就一定少不了它。

疏体画

初唐早期的敦煌

隋朝短命，取而代之的唐朝则延续了近300年。唐代是中国历史上最伟大的朝代之一，鲁迅在评论唐代艺术时说：“在唐，可取佛画的灿烂，线画的空实和明快。”他主要是从大量文学资料和画史资料中得出这一结论，而莫高窟有唐代洞窟约270个，唐前期的敦煌艺术与中原保持一致，大量的画塑展示了唐代佛教艺术的灿烂辉煌。

唐代前期的敦煌历史颇为模糊，相关资料很少。

隋末战乱，大业十三年（617年）李轨在武威举兵，据有河西地区，自称凉王。

武德元年（618年），唐朝建立，次年，唐灭李轨，在敦煌置瓜州。

武德三年（620年），瓜州刺史贺拔行威举兵反唐。武德五年（622年），瓜州土豪王乾斩贺拔行威归唐，瓜州改名西沙州。

武德六年（623年），沙州人张护、李通反，同年平定。

贞观七年（633年），改西沙州为沙州。

据《大慈恩寺三藏法师传》卷一记载，贞观三年（629年），玄奘前往西域，途经瓜州，停月余，刺史独孤达供事殷厚，而后经玉门关西行。《旧唐书 · 契苾何力传》等文献记载，贞观六年（632年），活动在天山、阿尔泰山一带的何力（？—677年）率1000余家至沙州请降（《资治通鉴》卷一九四记载是6000余家，或许是1000余家6000余口），唐太宗下诏安置在甘、凉间。贞观十三年（639年），征高昌，任命侯君集为交河道行军大总管，何力为行军副大总管，次年平高昌，设西州。

当时西域地区处于唐王朝“安西四镇”的强有力统治之下，敦煌可以说是唐朝版图上的一个内地城市。杜甫《忆昔》一诗曾描绘道：“忆昔开元全盛日，小邑犹藏万家室。稻米流脂粟米白，公私仓廪（lǐn）皆丰实。九州道路无豺虎，远行不劳吉日出。”644年，玄奘从印度取经归来，唐太宗李世民（他曾于617年被封为敦煌公）下令敦煌官府到流沙迎接，可见敦煌与中原关系密切，诏令可及时传到。668年，道世《法苑珠林》撰毕，书中记载了莫高窟的状况：“今沙州东南三十里三危山（即流四凶之地）崖高二里，佛像二百八十龛，光相亟发。”其中提到，莫高窟此时有窟龛280个，与我们现在看到的初唐和初唐以前洞窟数量大致相符，至于所说崖高二里可能是误将崖面长度当高度了。这些资料是否是玄奘告知，现在无从查考。

《旧唐书 · 地理志》记载的敦煌是：“沙州，下。隋燉煌郡。武德二年，置瓜州。五年，改为西沙州。贞观七年，去‘西’字。天宝元年，改为燉煌郡。乾元元年，复为沙州。旧领县二，户四千二百六十五，口一万六千二百五十。在京师西北三千六百五十里，至东都四千三百九十里。”就是这样一个1.6万人的小地方，创造了无比盛大的佛教艺术。

承前启后的初唐艺术

学者们普遍将敦煌唐代石窟分为四个阶段：

自唐朝建国至武周政权结束的705年为初唐（初唐时期，618—705年）；

705年至786年吐蕃占领敦煌为盛唐（盛唐时期，705—786年）；

吐蕃统治时期为中唐（蕃占时期，786—848年）；

848年张议潮起义至张承奉建立金山国为晚唐（张氏归义军时期，848—910年）。

学者有时还将各时代进一步细分，如初唐就分为初唐早期、初唐晚期，盛唐分为盛唐早期、盛唐晚期等。

莫高窟的初唐早期洞窟并不多，新开洞窟计14个：第57窟、60窟、203窟、204窟、206窟、209窟、283窟、287窟、322窟、329窟、373窟、375窟、381窟、386窟。

初唐晚期新开洞窟26个：第68窟、71窟、75窟、77窟、96窟、202窟、205窟、210窟、211窟、220窟、242窟、321窟、331窟、

332窟、333窟、334窟、335窟、338窟、339窟、340窟、341窟、342窟、371窟、372窟、387窟、448窟。

初唐早期洞窟继承了隋代晚期的风格，互相之间存在一定联系，而640年唐朝控制高昌以后，敦煌成为内陆地区通往西域的重镇；频繁来往西域的商队、军队以及运输军事装备的驼队带来了新的艺术风格。一般把唐代618年到640年之间建立的敦煌石窟称之为初唐早期石窟，莫高窟第57窟、322窟就是这一时期的代表洞窟。这两个洞窟的共同特点是：菩萨造型都非常优雅妩媚。

第57窟的窟型、龛型均有隋代遗绪，唯塑像与壁画已经明显地跨进了新的阶段。正壁（西壁）龛内塑一佛二弟子四菩萨（有一身菩萨已毁），中间塑释迦牟尼佛，双目正视前方，面部表情威严庄重；佛的两侧各塑一弟子，南侧阿难塑造成一个年轻僧人，神情沉静、面相丰圆，而北侧迦叶则是一位年长的高僧形象。阿难是释迦牟尼的堂弟，佛的十大弟子之一，侍佛25年，多闻佛法，长于记忆，故称“多闻第一”。相传现今佛教经典都是释迦牟尼涅槃后人们根据阿难记忆口诵记录而成。

第57窟南壁中央画一铺说法图，人物形象画得非常精细，特别是佛的右侧（东侧）胁侍菩萨头戴化佛冠，上身半裸，肩披长巾，身佩璎珞，一手上举轻扶飘带，一手托供品，身体略呈“S”形，体态优美，雍容高贵，双颊涂着淡淡的胭脂，俨然是一个贵妇人的形象，因此有人将此窟称为“美人窟”。

第322窟西壁龛内塑像保存完整，塑一佛二弟子二菩萨二天王，一铺共7身。东壁门南画药师佛立像并二菩萨，下方有一方榜题，约8行，

第57窟 《说法图》

多数漫漶，今存约10字，第4行前二字是“（龙）年”。龙年即辰年，初唐的辰年有武德三年庚辰岁（620年）、贞观六年壬辰岁（632年）、贞观十八年甲辰岁（644年）。由于第220窟建造于贞观十八年前后，第322窟风格显然早于第220窟，所以如果“龙年”记载不误，则第

322窟建造于620年或632年的可能性较大。此窟西壁北侧天王下部后面的壁画上有3处文字，字迹清楚，但难以释读，可以推测的有“安”等字，似乎是粟特人模仿的汉字，此类模仿汉字而又难以读通的文字在初唐第333窟也可见到。此窟藻井画缠枝葡萄图案，龛顶画两身有羽毛的异兽，北侧一身手托绵羊，南侧一身模糊，似乎托山羊。葡萄纹样是粟特地区流行的纹样，粟特诸神中有托骆驼、托羊等护法神，唐前期敦煌从化乡是粟特人聚落，这些都是理解第322窟粟特因素的历史与文化背景。另一种可能是，第322窟与632年何力率突厥千余

第322窟　托羊神

第322窟 《说法图》

家至敦煌有关。突厥是用龙等来纪年的，这与汉族用天干地支纪年不同。

第322窟除了具有多种多样的外来题材外，还有和第57窟接近的优秀的人物画，如东壁门上《说法图》中的菩萨像，个个神态妩媚，宛如世间少女。

武则天与敦煌石窟

敦煌是唐中央政府的重要门户，与长安保持密切的联系，在初唐晚期，敦煌设立了军事组织豆卢军（鲜卑语称“归义”为豆卢）。

唐高宗（628—683年，在位时间649—683年）身体多病，武则天（624—705年）从664年开始垂帘听政，并称“二圣”；674年高宗称“天皇”、武则天称“天后”，武则天的地位得到巩固。690年，武则天改唐为周，当起女皇，直到705年中宗复唐。一般将高宗后期至武周时期并称武则天时期（664—705年），也即初唐晚期。

相传武则天好祥瑞、佞（nìng）佛，《圣历碑》中有“自秦创兴，于周转盛”之谓，这个“周”，就是武则天的“大周”政权。这40年也是敦煌历史与佛教发展的一个重要时期，莫高窟开凿了26个洞窟。敦煌石窟中的许多题材、画稿直接来自首都长安，一些洞窟的画塑体现了当时中原的最高艺术成就，敦煌石窟发展进入了一个高峰。

武则天的佛教信仰颇杂，净土、密教、华严皆有爱好，但对其政治影响最大的两部佛经是《大云经》和《宝雨经》，它们共同的特点是对女性的重视，原因就这么简单。

这一时期还流行根据《涅槃经》制作的涅槃经变，如山西省博物院藏天授二年（691 年）涅槃变造像碑。莫高窟第 332 窟完工于 698 年，南壁通壁画涅槃经变、西壁龛内塑涅槃像，这又与武则天有什么关联呢？原来，高僧昙无谶译《大般涅槃经》卷四载：“我又示现于阎浮提，女身成佛。众人皆言：‘甚奇女人，能成阿耨（nòu）多罗三藐三菩提。如来毕竟不受女身，为欲调伏无量众生，故现女像。’”这段话与《大云经》《宝雨经》中的重视女性的内容是一致的。

敦煌文献中有 300 多件文献出现武周新字，这是武则天为了巩固政权，命人创造的汉字新字。在莫高窟第 335 窟、西千佛洞第 9 窟等洞窟供养人题记中也可见到这些新字，可见敦煌与中原的密切关系。第一批武周新字有照、天、地、日、月、星、君、臣、载、初、年、正，共 12 字，后来增加国、人、生、应、圣、证、授，共 7 字，合计有 19 个字。以上新字从 689 年底开始使用，705 年初武则天去世后，这些新字也迅速失去生命力。敦煌文献 S.2157 是敦煌灵修寺比丘尼善信天授二年（691 年）所写《法华经》，发愿文中就有武周新字。

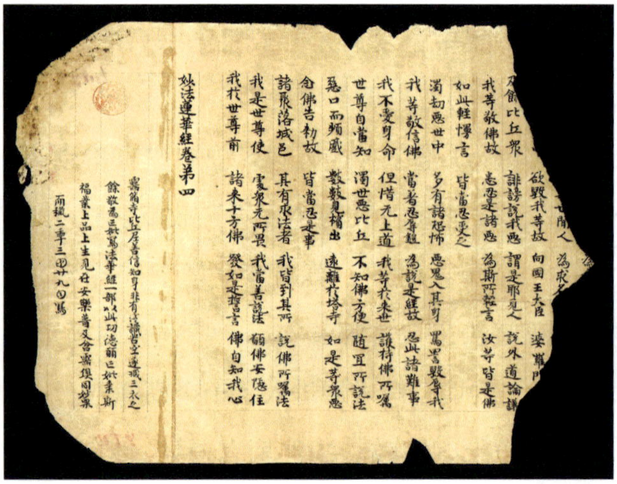

武周时期写经

莫高窟北大像（第96窟）建于武则天时期，主尊是弥勒倚坐像，高35米。与此相呼应的是建于开元天宝年间（742—755年）的南大像（第130窟），高26米。据《莫高窟记》，北大像是禅师灵隐和居士阴祖在延载二年（695年）建造的。载初元年（690年）七月，薛怀义与僧法明等10个和尚造《大云经疏》，宣称武则天是弥勒佛转世，为武则天登基做宣传。武则天非常高兴，下令全国建造大云寺，第96窟可能就是敦煌的大云寺窟（据敦煌文献记载，大云寺在敦煌城内）。可惜北大像窟原来的壁画全失，塑像也经后人多次改动，已非原貌。

莫高窟第332窟为唐代少数中心柱窟之一，南壁《涅槃经变》和北壁《维摩诘经变》都是当时流行的题材，画艺高超。东壁门南画一佛五十菩萨图，主尊佛轻纱透体，具有浓郁的西域鹿野苑造像艺术风格，显然与初唐中土僧人、西域胡僧往来频繁有密切关系，体现了当时中印文化交流的盛况。

第332窟　《维摩诘经变》（线描）

第332窟　阿弥陀佛

密教图像的流行

佛教的发展历经小乘佛教、大乘佛教、密教等过程，其中小乘佛教宣传释迦牟尼佛及其思想，大乘佛教出现许多佛用以体现的不同思想，而密教则以咒语为主要修持手段，出现多头多臂观音像，如十一面观音、不空羂索观音、如意轮观音、千手千眼观音、千手千钵文殊等。唐代以前，密教经典频有译出，但还没有出现密教图像。唐初武德年间（618—626年），西域的千手千眼观音像就传到中原，但没有流行开来。

在敦煌石窟中，武则天时期开凿的一些洞窟出现了密教壁画，如：

莫高窟第321窟，一身，东壁门北，主尊，立像，六臂，有二身胁侍菩萨。

莫高窟第331窟，二身，东壁门北，胁侍，立像，均为二臂，系佛说法图中佛的左右胁侍。

莫高窟第334窟，一身，东壁门上，主尊，坐像，二臂，有二身胁侍菩萨。另外，此窟东壁门南上方还画有由一佛、二身八臂胁侍观音、

第321窟　十一面观音

十身供养菩萨组成的密教说法图。

莫高窟第340窟，一身，东壁门上方，主尊，坐像，二臂，有六胁侍菩萨。

榆林窟第23窟甬道南、北壁各残存十一面观音立像一身。

这样，我们在敦煌壁画上可以看到九身初唐时期的多首多臂密教观音像。武则天时期密教图像的特点是以观音为主，虽多首多臂，但面相仍相当亲切自然。威猛怖畏的形象大约要到唐玄宗开元年间（713—741年），当时善无畏、不空、金刚智三位印度僧人来到中国传教，将新的密宗传入中国，佛教史上称这三位僧人为“开元三大士”。

第334窟　十一面观音

南大像的修建

唐开元天宝时期（713—755年）的敦煌历史和佛教发展轨迹，文献记载甚少，我们难知其详，这与当时唐玄宗的佛教政策有一定关系。这位唐朝皇帝对佛教显然没有武则天那样热忱，他听从宰相姚崇的进言，命官员筛选淘汰全国僧尼，因弄虚作假被勒令还俗的达1.2万余人。开元二年（714年）七月，唐玄宗又发布《断书经及铸佛像敕》，禁止买卖佛像、佛经。

与抑佛相反，这一时期道教一度繁荣，《旧唐书·玄宗纪上》记载，开元二十一年（733年）“制令士庶家藏《老子》一本”。开元年间敦煌曾出现一批道教写经，保存最多的是开元六年（718年）沙州敦煌县神泉观道士马处幽写的《无上秘要》，这是北周时期编纂的一部道教类书，有100卷之巨，今存部分。P.2861《无上秘要目录》尾题：“开元六年二月八日，沙州敦煌县神泉观道士马处幽并侄道士马抱一，奉为七代先亡、所生父母及法（界）苍生，敬写此经供养。”

由于战争和抑佛扬道的宗教政策，敦煌一批尚未完工的洞窟似乎就此放弃，如莫高窟第166窟、205窟。今天看来，这些洞窟壁画题材杂乱无章，似乎是社团结社开凿。当然，一些洞窟还在继续开凿，第41窟开元十四年（726年）题记、第180窟天宝七载（748年）题记等，显示当时的莫高窟依然存在佛教造像活动。整个盛唐时期，莫高窟开凿了70—80个洞窟，部分洞窟没有完工，一方面可能受“安史之乱”后经济衰落、吐蕃对敦煌的战争影响，还有一些则与开元天宝年间国家佛教政策有关。

南大像（今编第130窟）是莫高窟第二大像，开元九年（721年）开始修建，历时几十年时间。敦煌文献P.3721《瓜沙两郡大事记》记载：“辛酉，开元九年。僧处该（据《莫高窟记》，应为处谚）与乡人百姓马思忠等，发心造南大像弥勒，高一百二十尺。”《莫高窟记》所记载内容相同：“开元年中，僧处谚与乡人马思忠等造南大像，高一百廿尺。”开元九年（721年）大约是南大像始建之年，因为1965年10月敦煌文物研究所在加固南大像时，在南壁盛唐壁画下部发现一孔穴，

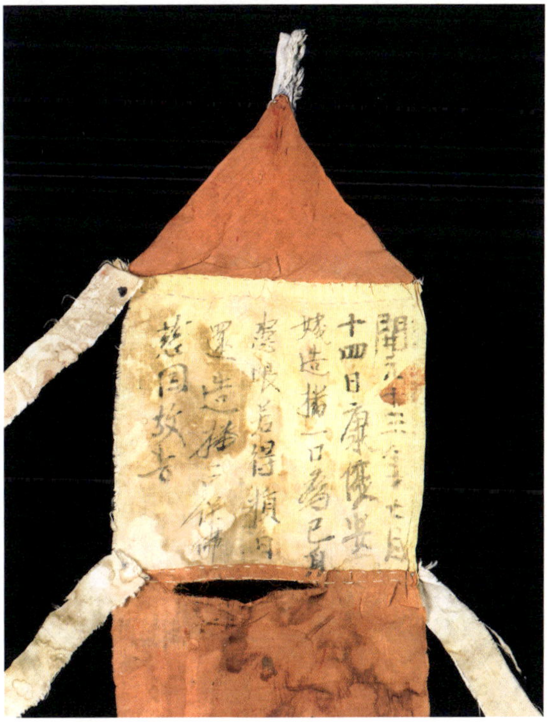

开元十三年幡

第130窟　男供养人像

内有丝织物，其中一件是纪年幡，幡的上部有墨书文字：“开元十三年七月十四日，康优婆姨造播（幡）一口，为己身患眼。若得损日，还造播（幡）一口，保（报）佛慈恩。故告。”从书法较差、有错别字看，此康姓女供养人文化水平较低，或为康国人。发愿文的具体纪年也证明此孔穴外的盛唐壁画在开元十三年（725年）之后绘制，则开元九年（721年）不是南大像完工时间。

莫高窟第148窟是以涅槃为主题的洞窟，完工于大历十一年（776年），同年所立的功德碑至今仍完好地矗立在窟内前室南侧，让我们追

第148窟　涅槃像

寻到那段历史。这个洞窟是敦煌豪族李太宾所建，称“傍开虚洞，横敞危楼。将以翼大化，将以福先烈，休庇一郡，光照六亲”。这是盛唐最后一个有具体开窟年代的洞窟，主尊是身长14.4米的涅槃像，佛祖累足而卧，静静地仿佛在梦中，肉身的消亡并不能带走精神的泯灭。开光之日，驻守敦煌的河西节度使周鼎前来瞻仰，声势浩大，“荡谷摇川而至于斯窟也”。想来，那个时候的河西大地已经响起金戈铁马之声，在这个净土的殿堂里，凿下的更是祈福。

唐前期的经变画

唐前期的敦煌石窟，有一个很显著的时代特色就是通壁绘制经变画，如著名的“音乐舞蹈窟”第220窟，西壁开龛，南壁、北壁和东壁各绘一幅整壁经变画。据统计，这段时期的经变画有18种，计118铺，其中西方净土经变数量最多，达41铺。这一场面恢宏、色彩绚烂的佛国景象，为信众们构想出理想化的西方极乐世界。其次为弥勒经变，共有25铺。这两种经变的数量占了一半以上，可见是当时非常流行的题材。

盛唐石窟壁画题材与中原佛教存在密切联系，如密教题材在武则天时期一度流行之后再次大规模出现在莫高窟第148窟，这无疑与天宝十二载至十五载（753—756年）开元三大士之一不空在河西传教有关。赵迁《大唐故大德赠司空大辨正广智不空三藏行状》记载：“（天宝）十二载，敕令赴河陇节度御史大夫哥舒翰所请。十三载，到武威，住开元寺。节度已下，至于一命，皆授灌顶。士庶之类，数千人众，咸登道场，与僧弟子含光，授五部法。次与今之功德使开府李元琮。授五部灌顶，并授金刚界大曼荼罗。是日也，道场地大动。大师感而

第220窟　南壁

谓曰：‘此即汝心之诚所致也。’十五载夏，奉诏还京，住大兴善寺。”

由玄奘和弟子窥基所创的唯识宗，盛唐晚期在敦煌曾得到传播发展，因此有一些洞窟题材与唯识宗有关，如《天请问经变》《药师经变》《弥勒经变》等。莫高窟第148窟画塑分别属于密教、净土、唯识宗等，整窟所表现的佛教思想并不单独属于某宗某派，而是选择当时流行的题材来作为功德，宗教的意味则大大降低，称其为“功德窟”或“家庙”，最为恰当。

755年，在今天的河北一带发生了历史上有名的“安史之乱”，唐朝政府花了七年又两个月的时间才平定此乱。但“安史之乱”大大消耗了唐王朝的经济实力，从此大唐帝国由盛而衰，再也看不到上元灯海，听不见盛世高歌。

吐蕃统治下的敦煌

唐王朝为了平定“安史之乱”，将河西等地的主要兵力集中在河北一带，河西空虚。而从755年到796年，是吐蕃赞普赤松德赞（742—797年）统治时期，也是吐蕃王朝有史以来国力最强盛的时期。于是其趁机在763年占领兰州，逐渐向西推进，于764年占领凉州，766年占领甘、肃二州，776年占领沙州（敦煌）的寿昌县。贞元二年（786年），吐蕃重开战事，发动对唐朝的进攻，率军队进攻敦煌的是吐蕃大将尚绮心儿。在苦苦抗争被围困长达10年之后，内无粮草、外无救兵的敦煌已无法再苦撑下去，向吐蕃统治者提出沙州百姓“勿徙他境”的条件，在得到明确承诺后，才“寻盟而降”，从此开始了长达60余年的吐蕃统治时期（具体是指从786年吐蕃占领敦煌到848年张议潮赶走吐蕃、将敦煌恢复唐朝统治）。这段时期，相当于中国历史上的中唐。

被吐蕃占领后，敦煌当然不能继续使用唐代年号，而是普遍使用干支纪年，少数用吐蕃纪年。这是这一时期敦煌历史的一个特点，如

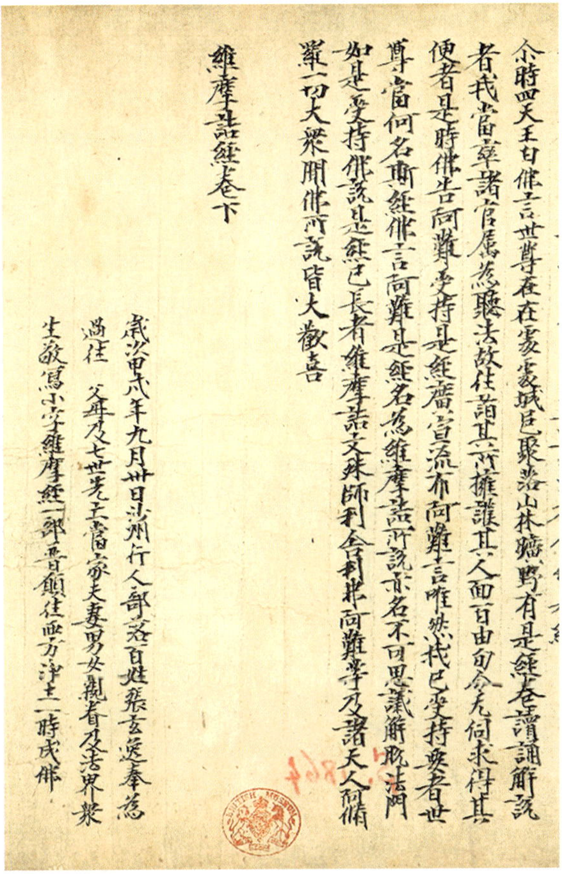
尒時四天王白佛言世尊在在處處城邑聚落山林曠野有是經卷讀誦解說
者我當率諸官屬為聽法故往詣其所擁護其人面百由旬令无伺求得其
便者是時佛告阿難受持是經廣宣流布阿難言唯然我已受持要者世
尊當何名斯經佛言阿難是經名為維摩詰所說亦名不可思議解脫法門
如是受持佛說是經已長者維摩詰文殊師利舍利弗阿難等及諸天人阿脩
羅一切大衆聞佛所說皆大歡喜

維摩詰經卷下

歲次甲戌年九月卅日沙州行人部落百姓張玄逸奉為
過往 父母及七世先亡當家夫妻男女親眷及法界衆
生敬寫小字維摩經一部普願往西方淨土一時成佛

张玄逸写经

莫高窟第365窟西壁的藏文发愿文记载，该窟兴建于水鼠年（832年），完工于木虎年（834年）。汉文写经基本用干支纪年，如S.3485《金刚般若经》题记：“大番岁次己巳年七月十一日，王土浑为合家平善，国不扰乱敬写。”S.1864《维摩诘经》卷下题记：“岁次甲戌九月卅日，沙州行人部落百姓张玄逸，奉为过往父母及七世先亡、当家夫妻、男女、亲眷及法界众生，敬写小字《维摩诘经》一部。普愿往西方净土，一时成佛。”蕃占时期只有一个甲戌年，就是794年。

唐代敦煌，按地域分置敦煌、莫高、龙勒、玉关、效谷、悬泉、寿昌、从化等13个乡，唐李吉甫在《元和郡县图志》卷四〇记载：“沙州，敦煌。中府。开元户六千四百六十六，乡十三。”到了蕃占时期则把沙州百姓按照职业编成若干部落，一个部落大致辖原来的一个乡，比如佛教僧尼组成“僧尼部落”、道观道士组成“道门亲表部落”、边境守军组成“通颊军”等。这是吐蕃统治敦煌的社会基层组织，具体部落数量不是很清楚，从敦煌文献中还可以找到的部落名称来看，大致分为军事部落、民部落、准军事部落三种类型。（从现在看来，这是很有意思的一件事。）

吐蕃也信仰佛教，所以蕃占时期敦煌的佛教并没有受到影响，相反得到了大力发展。莫高窟开窟50多个，藏经洞出土有这一期间大量的藏文文献和汉文文献，为藏学研究、汉藏文化艺术交流与发展提供了宝贵资料。

洪䛒塑像

在吐蕃统治敦煌晚期，有位著名的学问僧洪䛒，少小即出家，有辩才，熟谙蕃语，他不仅传译佛书，精研唯识，“开七佛药师之堂（今第365窟），建法华无垢之塔”（敦煌文献P. 4640《吴僧统碑》）。蕃占时期就任释门都教授，在敦煌回归大唐后的851年，唐宣宗封他为京城内外临坛供奉大德、河西释门都僧统。他的影堂（纪念堂）保留至今，也就是今天的莫高窟第17窟（藏经洞），内有洪䛒等身写实影塑和《告身碑》。

同样还有一位有学问的僧人法成，住在沙州的永康寺（关于此寺的文献很少，可能是蕃占初期其他寺院名称的改称），不过他是个吐蕃僧人，是首任归义军节度使张议潮的老师，也叫吴和尚。他的学问高深，精通汉、藏、梵文，在敦煌重归唐政权后，在张议潮的挽留和关照下，吴和尚依然留在敦煌弘法译经。在中国国家图书馆藏的一份敦煌文献（《咸通六年灵图寺点勘藏经目录》，BD14676），是吴和尚圆寂后人们清点他使用的图书目录（相当于他的读书清单），反映了一位高僧的学识。

蕃汉共创敦煌艺术

吐蕃统治敦煌时期，在瓜沙地区增设寺院，崇佛之风与寺院经济盛况空前，石窟艺术活动并未受到政治局势的影响，蕃汉文化交流频繁，汉文依然流行，石窟题材从吐蕃前期的一壁一铺经变的窟内布局，渐渐演变成在一个洞窟内绘了十几幅大幅经变画，即所谓“方丈室内，化尽十方；一窟之中，宛然三界”。

莫高窟第231窟西壁龛外两侧为文殊变与普贤变，东壁为维摩诘经变，南壁自西向东为法华经变、观无量寿佛经变、弥勒经变，北壁自西向东为华严经变、药师经变、天请问经变，经变下方有许多屏风画。具体到一铺经变上，也出现新的画面，如维摩诘经变中，前来听法的国王是吐蕃赞普形象，而唐前期前来听法的国王都是汉族国王形象。赞普头缠红色头巾，发辫结于两鬓，穿虎皮翻领缺袴左衽袍，腰束革带，很有时代特点。莫高窟第158窟、159窟的塑像和壁画也是这一时期佛教艺术的代表作之一。

839年，莫高窟第231窟建成，此窟蕃风甚微，《建窟功德记》

第231窟　供养人

（敦煌文献P.4638、P.4640《阴处士碑》）是用汉文书写，落款是“岁次己末四月壬子朔十五日丙寅建”。这个洞窟的壁画榜题多数清楚，也均为汉文。东壁门上有男女供养人各一身，身后各立侍从一身，均着汉装，题名也是汉文题名；南侧男供养人题名是“亡考君唐丹州长松府左果毅都尉改”；北侧女供养人题名是“亡慈妣唐敦煌录事孙索氏同心供养”。据以上可知是窟主供养的亡父母像。

吐蕃统治时期的敦煌石窟多数属于中原风格的题材，只有少数洞窟里面有一些蕃人形象，最明显的是部分男供养人头裹着红色头巾，这种就是吐蕃头饰“缠头”。834年，洪䛒营建第365窟，龛沿正中有藏文发愿文，龛沿下方则是汉文的《回向轮经》。第158窟甬道北壁西起第二身比丘像用汉字题名“大蕃管内三学法师持钵僧宜”，而主室北

第225窟　女供养人像

壁《举哀图》中赞普像的题名是藏文的“赞普”二字（今毁，见伯希和拍摄的照片）。我们至今没有发现蕃占洞窟中完全由吐蕃人建造的洞窟，这实在是个谜团，有人猜测石窟是由汉族人管理，吐蕃人主要在佛教寺院里从事佛教活动。

英藏敦煌绘画S.P.32上层为《药师佛说法图》，药师佛下方为汉藏对照榜题，榜题左侧为骑象文殊菩萨，右侧为骑狮普贤菩萨，下层中

第225窟　男供养人像

央为千手千眼观音，左侧为不空羂索观音，右侧为如意轮观音（残失殆尽）。药师佛下汉文榜题竖书9行，下方藏文题记横书2行。汉字题记：“敬画药师如来法席一铺，文殊普贤会一铺，千手千眼一躯，如意轮一躯，不空羂索一躯。以此功德奉为先亡□考□□□法界苍生同□共登觉路。丙辰岁九月癸卯朔十五日丁巳建造毕。”蕃占时期的丙辰年只有一个，即836年。此时距离敦煌陷蕃已经过去整整50年，汉文与

《药师佛说法图》（绢画）

藏文写在一起，说明在当时的敦煌这两种文化已经融为一体。这幅绘画除了艺术价值外，还具有非常珍贵的历史意义。

吐蕃占领敦煌期间还出现一些新的壁画题材，如楞伽经变、密严经变、金光明经变等。这些经变画就是这个时期才频频亮相的，它们的粉本可能是盛唐晚期从中原传到敦煌，如敦煌石窟“金光明经变”

第158窟　《婆罗门击鼓图》

共有10铺，均依据义净翻译的《金光明最胜王经》绘制（全称是金光明最胜王经变）。这部佛经的经文有许多关于天王、神王的护法描绘，并有许多密教陀罗尼，因此佛教将《法华经》《仁王经》《金光明经》称为“护国三经”，可见该经在中国佛教史上是比较重要的。敦煌现存的唐宋“金光明经变”是佛教美术史上唯一的该题材绘画遗存。

XIEGEI
QINGSHAONIAN
DE
DUNHUANG
GUSHI

写给青少年的
敦煌故事

夕阳下的灵岩佛光

敦煌，归义军的大旗飘扬

848年，趁着吐蕃内乱，河西大族出身的张议潮率领沙州汉人起义反抗，收复了瓜、沙二州。随后，他的目光望向了遥远的东方——大唐。三年后，张议潮率众驱逐吐蕃势力的消息传回了唐都长安，中原人心为之一振，失去60余年的河西走廊终于回归唐土。唐宣宗听说后十分振奋，便下旨设置归义军，治所就设在沙州，首任归义军节度使由张议潮出任。从此，归义军的大旗飘扬在敦煌上空。

纵观归义军的历史，结合敦煌文献资料和正史记载，可以粗略分为“张氏归义时期”“曹氏归义时期”两个阶段：

张议潮：851—867年

张淮深：867—890年

张淮鼎：890—892年

索勋：892—894年

张承奉：894—910年（910—914年为张承奉建立的金山国时期）

曹议金（曹仁贵）：914—935年

曹元德：935—939年

曹元深：939—944年

曹元忠：944—974年

曹延恭：974—976年

曹延禄：976—1002年

曹宗寿：1002—1014年

曹贤顺：1014—1036年

从字面意义理解，归义的含义也许就是“归附正义”，更代表了河西人们渴望归唐的心愿。历史上一般把848年张议潮起义到1036年西夏占领敦煌这近200年间称为归义军时期，期间跨越了晚唐、五代十国、宋，最终亡于西夏李元昊之手。虽然敦煌只是中央政府的一个军镇，但独立性很强，特别是在五代宋时期，实际上已经是一个独立的地方王国。

节度使们的功德窟

近200年的时间并不长，但这些湮没在历史尘埃中的名字，这段交织着荣耀与悲欢的纷争岁月，并没有归于沉寂，因为归义军时期开凿的洞窟，那些供养人壁画中的人物，更像一部部沉默却真实的节度使家族往事。

在莫高窟，几乎每个节度使都营建了自己的功德窟，一人一窟，成为惯例。我们目前已知的有张议潮的第156窟，张淮深的第94窟，曹议金的第98窟，曹元德的第454窟（一说曹延恭），曹元深的第256窟，曹元忠的第61窟等，都是当时规模最大的洞窟。还有的节度使与夫人各开一窟，互相毗邻，如曹议金的回鹘夫人天公主窟（第100窟）与曹议金的大王窟（第98窟）紧邻，组成双窟，窟前有高大殿堂相连，可以想见当时是何等气派。

曹氏归义军期间，曹元忠的执政时间很长，这一时期佛教兴盛，953年中秋节还在莫高窟举办过2000人的斋会。今天编号为469窟的一个小窟，长宽均仅为2.1米，窟内东、西、北壁各开一龛，横置木板，

第98窟　窟形

《张议潮出行图》(局部)

20世纪50年代发现时龛内还残存佛经碎片，墙上题写“藏内记。府主太保就窟上造贰仟仁（人）斋。广顺叁年岁次癸丑八月十五日”。曹元忠时曾新建和重修多个洞窟，其中第61窟、55窟最为著名。

归义军时期开凿的洞窟中，保留较多的供养人题记与发愿文；在敦煌藏经洞出土的文献中，也有较多的洞窟营建资料。由此，上述这些洞窟的营建情况可知一二。

莫高窟第156窟是第一任归义军节度使张议潮的功德窟。甬道南壁西起第一身男供养人题名："窟主口（河）西节度使金紫光禄大夫……尚书……"即为张议潮的题名。甬道南壁张议潮身后供养人为张议潮之侄张淮深，题名："侄男银青光禄大夫检校太子宾客上柱国……大将军使持节诸军……赐紫金鱼袋淮深一心供养。"主室东壁门上北侧画一女供养人并一女侍从，南侧画三男供养人。男供养人题名漫漶，女供养人题名"亡母赠宋国太夫人陈氏一心供养"，即张议潮的母亲；三身男供养人当是张议潮的父亲张谦逸、兄长张议谭和张议潮。主室南壁下层画张议潮统军出行图，题名："河西节度使检校司空兼御史大夫张议潮统军扫除吐蕃收复河西一道行图。"对应的北壁下层画张议潮夫人出行图，其中有一方题名："司空夫人宋氏行李车马。"张议潮收复凉州在咸通二年（861年），则此出行图绘于咸通二年之后。前室壁面有咸通六年（865年）写的《莫高窟记》，则此窟在咸通六年已经完工。学术界稍存疑惑的是甬道北壁西起第一身张议潮夫人供养像题名"敕宋国河内郡君太夫人广平宋氏一心供养"。太夫人是晚辈对长辈的称呼，似乎不是张议潮的口吻，有学者据此认为是张淮深参与了洞窟营建。

莫高窟第94窟为中心佛坛窟，是晚唐最大的一个洞窟，佛坛西侧有背屏连接窟顶。现存外表壁画为宋初重绘，底层壁画有待揭开，部分残破区域露出晚唐壁画。甬道剥出几身供养人像，其中甬道北壁有"叔前河西十一州节度管内观察处置等使金紫光禄大夫检校吏部尚书兼御史大夫河西万户侯赐紫金鱼袋右神武将军南阳郡开国公食邑二千户实封二百户司徒讳议潮"之题名，主室南壁有"母武威郡太夫人巨鹿索氏一心口口（供养）"之题名。敦煌文献中的《张淮深碑》已断成数片且不完整（敦煌文献 S.3329 + S.11564 + P.2762 + S.6161 + S.6973），记载其母为“巨鹿郡君索氏，晋司徒靖十七代孙”。因此，该窟即张淮深功德窟。

张议潮归阙后，归义军政权由张淮深执掌，任沙州刺史，《张淮深碑》记：“太保咸通八年归阙之日，河西军务，封章陈款，总委侄男淮深，令守藩垣。”敦煌文献中的张淮深资料较多。《张淮深碑》记当时洞窟内容有：“龛内素（塑）释迦牟尼像并事（侍）从一铺，四壁图诸经变相一十六铺。参（森）罗万象，表化迹之多门。摄相归真，总三身而无异。方丈室内，化尽十方。一窟之中，宛然三界。檐飞五彩，动户迎风。碧涧清流，森林道树。榆杨庆设，斋会无遮。剃度僧尼，传灯鹿苑。七珍布施，果获三坚。十善聿修，圆成五福。”并记：“宏开虚洞，三载功毕。”未言明具体在哪三年间开凿的，但敦煌文献 P.3126 上的一份关于“镌碑毕”的杂记，一般认为是《张淮深碑》的立碑纪事：“中和二年四月八日下手镌碑，五月十二日毕手。索中丞以下三女夫作设于西牙（衙）碑毕之会。尚书其日大悦，兼赏设，僧统以下四人，皆沾鞍马缣细，故记于纸。”设即设供（设宴），由于碑中有功德窟内容，可知第 94 窟此时已经完工。第 94 窟现存外表壁画被宋代千佛壁画所覆盖，底层有晚唐画的经变画、出行图等。

莫高窟第 98 窟是曹议金的功德窟，为中心佛坛窟，主室的佛坛后部设背屏，连接窟顶，主室面积近 200 平方米，为当时之最。因曹议金曾称“托西大王”，所以敦煌文献《腊八燃灯分配窟龛名数》等资料常称“大王窟”。曹议金在 914—935 年间担任归义军节度使，期间敦煌佛事兴盛。第 98 窟建成年代可以考定在 924 年，据敦煌文献 S.5448

《浑子盈邈真赞》记载，浑子盈参加了曹议金同光二年（924年）秋征甘州回鹘的军事行动，并战死在肃州城下，而第98窟的浑子盈供养像题名无“亡”或“故”字样，说明建窟时他还活着。第98窟甬道南壁西起第一身供养人题名：“河西陇右伊西庭楼兰金满等州□□□□观察□（处）……授太保食邑□□（一千）户……万户侯赐紫金……”这是曹议金的结衔，曹议金由司空而进称太保的时间是在同光二年（924年）三月至同光三年（925年）六月间，敦煌文献P.2850《除患礼忏文》记载出发时间是“霜秋弃迹，黄叶离枝”。同光二年末至同光三年初的“霜秋弃迹，黄叶离枝”时间只能是同光二年秋，则第98窟建成的时间在同光二年。至于第98窟开始建造时间则无法考证。敦煌文献P.3262开窟发愿文中提到开窟者是“河西节度使尚书”，又提到“大梁帝主，永治乾坤”，可知是后梁时期。

莫高窟第61窟（文殊堂）是曹元忠的功德窟。该窟的窟形很大，主室设中心佛坛，佛坛西侧有背屏连接窟顶。主室南壁供养人题名有“施主敕授浔阳郡夫人翟氏”，施主就是窟主，翟氏是曹元忠夫人。《五代会要》卷一四记载天福十二年（947年）规定节度使夫人可封“郡夫人”，则第61窟郡夫人翟氏题记的上限在是年。另外一条有关该窟年代的资料是西壁《五台山图》中的“永昌之县”题名。永昌县即行唐县，存在于天福七年（942年）至乾祐元年（948年），见《太平寰宇记》卷六一和《行唐县志》。也就是说，这幅《五台山图》的原创时间是永昌县存在期间，第61窟也就开凿在此期或稍后。敦煌文献《腊八燃灯分配窟龛名数》中有“文殊堂”，第61窟佛坛雕塑主尊为骑狮文殊像，该窟为“文殊堂”无疑，说明此时第61窟已经完成，则第61窟

第61窟　窟形

建成时间在947年之后、951年之前。敦煌文献P.3364《某寺面油破历》可考定在开运四年（947年）文书，其中提到太保窟开窟斋，则第61窟完工的时间可能就是在947年。

莫高窟第55窟是曹元忠的功德窟。这个也是一座大型洞窟，主室设中心佛坛，佛坛西侧有背屏连接窟顶。佛坛塑弥勒三会，原有塑像17身，现存11身（原有倚坐佛3身、弟子2身、菩萨4身、天王2身、力士2身，托座天王2身、托座力士2身。现存倚坐佛3身、弟子1身、菩萨3身、天王1身、力士1身，托座天王1身、托座力士1身）。此窟

第55窟　窟形

为曹元忠功德窟，因为南壁供养人题名有“窟主敕推诚奉国保塞功臣归义军（下残）”，就是曹元忠的称号。第55窟与第61窟的关系可能类似第98窟与第100窟，属于夫妇开凿的“双窟”，即第55窟为曹元忠开，第61窟为夫人开，但第55窟的时间要晚于第61窟。学者是这样考证的：一、曹元忠的“推诚奉国保塞功臣”称号是宋初建隆三年（962年）新封，《宋会要辑稿》卷五七七〇记载是年：“推诚奉义（国）保塞功臣归义军节度瓜沙等州观察处置管勾（内）营田押蕃落等使特进检校太傅同中书门下平章事沙州刺史上柱国谯郡公食邑一千五

第55窟　天王像

百户曹元忠，可依前检校太傅兼中书令使持节沙州诸军事行沙州刺史充归义军节度使瓜沙等州观察处置管勾（内）营田押蕃落等使加食五百户实封二百户，散官勋如故。”二、第61窟北壁东起第8身女供养人题名是“敕受太原郡夫人阎氏一心供养”。而此女供养人又见于第55窟东壁门北南起第4身，题名是“敕受宋国夫人太原阎氏一心供养”，此阎氏可能是曹元忠的另一个夫人。后周在显德二年（955年）封曹元忠为“平章事”，平章事的夫人可以称“国夫人”，地位高于郡夫人。《旧五代史·世宗纪》记载显德二年（955年）五月：“以沙州留后曹元忠为沙州节度使检校太尉同平章事。”从郡夫人和国夫人的区别，可证第55窟要晚于第61窟。

莫高窟南区最北端土塔为曹延禄所修。莫高窟南区洞窟的最北端崖面上方平地上有一土塔，有学者称是敦煌文献中的“天王堂”，没有提出任何依据。“天王堂”之名，敦煌文献《腊八燃灯分配窟龛名数》中就有提道：“安押衙、杜押衙：吴和尚窟至天王堂，卅六窟。吴和尚窟三盏，七佛七盏，天王堂两盏。”吴和尚窟即今第16窟，七佛指正上方的七佛堂，即今第365窟。洪䛒的功德窟实际上是由下层的第16窟、中层的第365窟、顶层的第366窟三个垂直统一的洞窟组成，构成几乎直通崖顶的塔式建筑。安押衙、杜押衙负责的区域是包括这一组洞窟在内的向北区域，有第14窟、12窟、9窟等较大的洞窟，而天王堂可能是上层的第366窟，更有可能是崖顶平面上一座佛堂，类似曹延禄土塔。现在我们还可以在曹延禄土塔附近看到一座殿堂遗址，有可能是天王堂。而现存这座曹延禄土塔为曹延禄时期新修，不是所谓“天王堂”。

塔内东壁《修塔功德记》的标题是《敦煌王曹□□圣天公主□□□□□□建□□寺功德记》，正文第7行是："粤有归义军节度使特进检校太师兼中书令敦煌□（王）曹延……"曹延禄娶于阗国王第三女为夫人，事见第61窟东壁门北南起第7身宋代补绘女供养人题名："大朝大于阗国天册皇帝弟（第）三女天公主李氏为新受太傅曹延禄姬供养。"即圣天公主就是曹延禄之妻，此土塔为曹延禄与于阗夫人合建。曹延禄在976年担任归义军节度使，此土塔建于是年之后。

此土塔内的塑像已毁，尚存较多的密教壁画，有学者认为与天息灾（法贤）在敦煌活动有关。《宋会要辑稿》卷五〇四"道释二"记载："雍熙二年，帝览所译经，诏宰相曰：译经辞义圆好，天息灾等三人及此地数僧皆深通梵学，得翻传之体。遂诏天息灾、法天、施护并朝散大夫、试鸿胪少卿。又诏译经月给酥、酪、钱有差。法贤，年十二依本国密林寺达声明学，从父兄施护亦出家，法贤语之曰：古圣贤师皆译梵从华，而作佛事。即相与从北天竺国诣中国，至敦煌，其王固留，不遣数月，因弃锡杖瓶盂，惟持梵夹以至，仍号明教大师。"天息灾是太平兴国五年（980年）到达中原的，《佛祖统纪》卷四三记载是年五月："北天竺迦湿弥罗国三藏天息灾、乌填囊国三藏施护来，召见，赐紫衣。"则天息灾滞留敦煌的时间在979年，但现有敦煌文献没有天息灾活动的记载。至道元年（995年），天息灾在中原译出《瑜伽大教王经》5卷，前揭《宋会要辑稿》记载同年"沙州曹延禄乞赐新译经，给之"。有学者认为土塔内的壁画与该经存在关联，则土塔营建时间可能在995年之后，但也有可能是天息灾在敦煌时期依据梵文本绘制，则土塔建于979年前后。

壁画题材的世俗化

归义军时期的敦煌石窟艺术并没有传承唐前期的豪放气魄和灿烂风采，而是延续蕃占期间画风，并越来越程式化。同样是五台山的山水，在莫高窟盛唐第217窟南壁经变画中“佛陀波利巡游五台山图”的画面，山水清丽，画风奔放，如春风拂面；而五代第61窟西壁的《五台山图》，色彩单调，笔锋简单，一如北方的黄土高原。

题材方面，唐前期敦煌石窟的窟主或画家们显然注意到粉本的专用问题，如莫高窟第220窟、321窟、323窟等的粉本基本没有在其他洞窟中出现，洞窟题材较少重复，而归义军时期的洞窟更多作为功德窟，强调功能性而艺术成分大大减弱。历史资料显示，当时归义军设有画院，从而形成统一的风格，人物形象往往空得形似；有时榜题书写与壁画绘画分工明确，各司其职，才会出现文不对画，或者无故省略的情况。但画家们偶或也会在壁画上描绘一些社会现实，为画面增添一些色彩，如莫高窟第85窟“弥勒经变”中为了表示女人五百岁出嫁，画出火把迎亲的场面——这显然是将现实生活场景搬到了佛教壁

《火把迎亲》

画中。

归义军时期敦煌与中原关系密切，一些佛教文献与佛教艺术题材来自中原，为敦煌石窟艺术增加了新鲜血液，壁面上也出现了一批为世俗所好，甚至是世俗化的新题材，比如《劳度叉斗圣变》《五台山图》《出行图》等。

西夏佛教与敦煌

1036年（一说1067年）西夏占领敦煌。西夏政权也信仰佛教，立于1094年的《凉州重修护国寺感应塔碑铭》（今存武威市文庙），用汉文和西夏文记载的西夏佛教："释氏尤所崇奉，近自畿甸，远及荒要，山村溪谷，村落坊聚，佛宇遗址，只椽片瓦，但仿佛有存者，无不必葺，况名迹显敞，古今不泯者乎。"

西夏境内流行藏传佛教，藏文史书记载，西夏国王特胡曾派遣使者到西藏楚布寺，迎请噶玛噶举派的创始人都松钦巴到西夏传法；都松钦巴派遣其弟子格西藏波瓦代替他前往，后被西夏王尊为上师。藏传佛教盛行于西夏境内，直到今天，我们都能从瓜州榆林窟和东千佛洞这两处石窟中看到不少西夏时期的藏传佛教壁画。

西夏文由党项人李元昊创立，共5863字，一直流行到明代。现存最晚的西夏文大约是河北保定明代弘治十五年（1502年）的西夏文经幢（胜相幢）。内蒙古黑水城遗址、1917年宁夏灵武城墙内均发现了大量西夏文文献，在莫高窟、榆林窟共有38个洞窟存有西夏文字，共计

100多处。西夏时期的敦煌地区历史文献主要有两组：

1. 西夏天赐礼盛国庆元年至二年（1069—1070年）瓜州监军使审案记录《瓜州审案记录》（发现地点不详），共存12纸，其中7纸有年款，今存中国国家图书馆、中国国家博物馆、北京大学图书馆、傅斯年图书馆、日本龙谷大学等地。另一面是西夏文《坛经》，大约过了若干年，《记录》失效了，被人用来抄写《坛经》。这份《记录》钤（qián）有官印，属于官府文书，又有具体纪年，是研究西夏法制、社会、经济以及语言文字的重要材料。

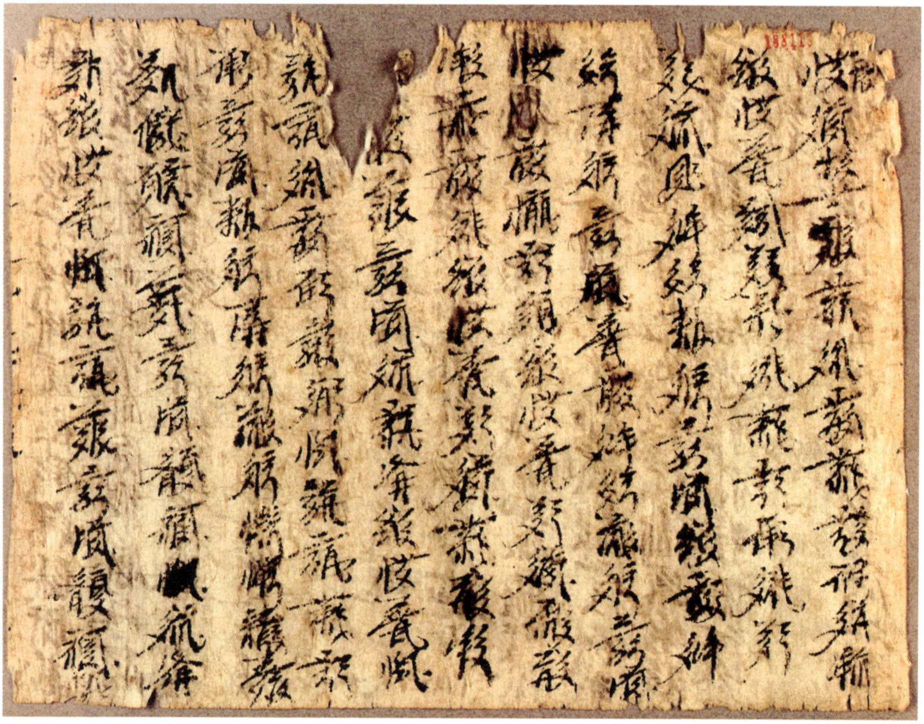
西夏文《瓜州审案记录》

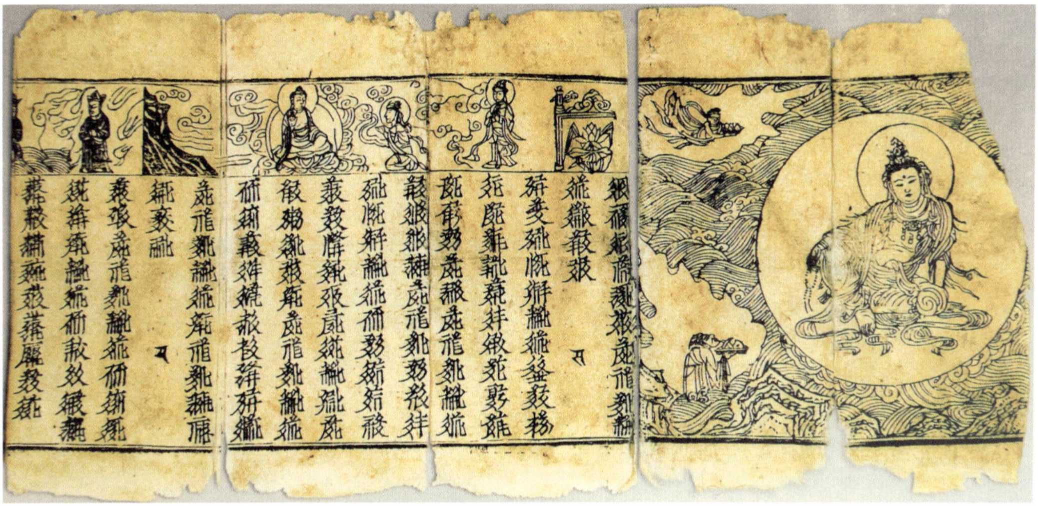

西夏文《观音经》

2. 敦煌研究院藏西夏文文献100多件，其中最著名的是1959年3月敦煌文物研究所工作人员窦占彪在维修莫高窟宕泉东岸南侧一佛塔时发现的3件西夏文佛经，其中有插图本西夏文《观音经》，首页为水月观音。还有一件西夏文《金刚经》，开头有西夏皇帝仁宗西夏文校经题记："奉天显道耀武宣文神谋睿智制义去邪淳睦懿恭皇帝御校。"在莫高窟北区洞窟中也发现一些西夏文文献，多数流散国内外，20世纪90年代考古发掘时又发现126件（还有一些西夏文碎片未统计在内），今藏敦煌研究院。

目前一般将敦煌石窟西夏洞窟分为前、后两期，但学术界对敦煌西夏洞窟尚存在较大分歧，最新的观点认为以前编入的西夏窟可能有一些是宋代洞窟，而所谓元代的洞窟中则有一部分是西夏洞窟。

西夏时期的敦煌石窟艺术

西夏时期，在瓜州的榆林窟、东千佛洞造窟颇多，大多系重修旧窟，同一个洞窟中往往会同时出现分别受宋、辽、金和藏传绘画影响的艺术画面，完全没有之前唐宋时期的风格与样式，属于西夏佛教及其艺术变革思想影响下的全新艺术风格和题材样式。

榆林窟、东千佛洞的西夏壁画题材极为丰富，其中以榆林窟第2窟、3窟、29窟，东千佛洞第2窟、5窟最有代表性，壁画中的西夏供养人像也具有少数民族服饰特征。壁画中的《水月观音图》《唐僧取经图》都很有名。

榆林窟第2窟为覆斗形顶，设中心佛坛，佛坛塑像毁，今存清塑7身。正壁（东壁）中央画文殊变（上层《涅槃图》、两侧《观音救济苦难》）、两侧《说法图》各1铺。南壁、北壁画《说法图》各3铺。西壁门南、门北各画《水月观音图》1铺，其中北侧1铺有《唐僧取经图》。

《水月观音图》（普陀洛珈山观音）是唐代画家周昉根据《华严经》所记载的善财童子五十三参之第二十六参（参拜观音菩萨）创作的：

《水月观音图》

“渐次游行，至于彼山，处处求觅此大菩萨。见其西面岩谷之中，泉流萦映，树林蓊郁，香草柔软，右旋布地。观自在菩萨于金刚宝石上结跏趺坐。”周昉妙创水月之体后，流行于古代画坛。白居易《画水月菩萨赞》云：“净渌水上，虚白光中，一睹其相，万缘皆空。弟子居易，誓心归依，生生劫劫，长为我师。”一般坐在泉水环绕的山石上，仰望天上一轮明月，意境静谧遐远。敦煌画中有许多水月观音，西夏时期也十分流行，榆林窟第2窟的《水月观音图》淡雅恬静，是西夏艺术的代表作。

榆林窟第3窟为穹隆顶，窟中央设八角佛坛，原塑像毁，存清塑9身。正壁（东壁）中央画佛传（八塔变），南侧五十一面千手千眼观音变、北侧十一面千手千眼观音变。南壁东起六臂顶髻尊胜佛母五尊曼荼罗、观无量寿佛经变、恶趣曼荼罗。北壁东起八臂摩利支天五尊曼荼罗、观无量寿佛经变（或药师经变）、金刚界三十七尊曼荼罗。西壁门上画维摩诘经变，门南侧普贤变、门北侧文殊变，其中普贤变中有《唐僧取经图》。

《唐僧取经图》

《打铁图》

榆林窟西夏壁画中的《唐僧取经图》均只有唐僧和孙行者，唐僧合十礼拜，孙行者牵马随行，沙僧与猪八戒都没有出现。榆林窟第3窟《取经图》画在《普贤变》中，白马驮经，表示已取经归来。另外，榆林窟第3窟正壁（东壁）北侧十一面千手千眼观音变下方绘画一孙行者立像，举左手似做眺望状，右手握长棒，棒头系一箱子，也表示取经归来，但没有唐僧等其他人物。专家指出，这些“取经图”可能受到约在五代出现的《大唐三藏取经诗话》的影响。

榆林窟第3窟的五十一面千手千眼观音经变也很有名，这是敦煌地区现存唯一一铺有五十一面的密教观音，五十一面观音呈塔状叠垒，共9层。而千手所持器物约83种、166件（均呈对称分布），有生活用品、生产工具、佛教法器等，其中乐器有16种32件。

西夏男供养人（局部）

榆林窟第29窟正壁（北壁）中央画《说法图》1铺，两侧《水月观音图》各1铺。东壁北起画药师经变、文殊变、密教金刚各1铺。西壁北起画西方净土变、普贤变、密教金刚各1铺。南壁门东侧上部画国师像1铺，下部画男供养人8身，有西夏文题记。西侧上部画国师像1铺，下部画供养比丘尼1身、女供养人6身。全窟有46身供养人，部分保留西夏文题名，其中南壁门东侧下方西起第二身供养人西夏文题名，译为汉文是："施主瓜州监军司……执赵麻玉一心归依。"

榆林窟第19窟为五代窟，主室甬道北壁东起第一身女供养人右袖上有一方游人题刻："乾祐二十四年□□□日画师甘州住户高崇德小名那征到此画秘密堂记之。"乾祐二十四年就是1193年，有学者认为高崇德所画的秘密堂就是今日的第29窟。

东千佛洞第2窟前部覆斗形顶，后部中心柱，中心柱正面开龛，其余三面不开龛，窟形类似莫高窟西夏第95窟。窟顶藻井画曼荼罗，四披画《说法图》各1铺。中心柱东面龛内存清塑3身，南面画菩提树观音立像，北面画菩提树观音立像，西面画《涅槃图》。西壁中央画《说法图》、两侧各画《药师说法图》1铺。东壁门上画坐佛1列14身，门南画文殊五尊曼荼罗、门北画尊胜佛母曼荼罗。南壁西起画水月观音、释迦净土变、观音菩萨救济八难曼荼罗。北壁西起画水月观音、释迦净土变、多罗菩萨救济八难曼荼罗。

该窟壁画题材丰富，内容完整。如中心柱南面的菩提树观音左手上举握菩提树枝，右手下垂施七宝，可见铜钱等物品从手心流出，下方一贫儿骑在另一贫儿脖子上，手势模糊，另一贫儿跪地乞讨。北面菩提树观音右手上举握菩提树枝，左手下垂，倾斜手中净瓶，有净水流出，下方一饿鬼骑在另一饿鬼脖子上，双手合十，甘露流进饿鬼口中，另一饿鬼跪在地上求甘露状。这两铺菩提树观音是西夏艺术的代表之作。

东千佛洞第5窟为穹隆顶，后部中心柱。窟顶画十八罗汉与上师像（毁大部分）。中心柱东面开龛，龛前设佛坛，龛内原塑凉州瑞像（从龛内上部深、下部浅推定），两侧残存佛教故事画。中心柱南面画毗沙

《菩提树观音图》

门天王与八大夜叉曼荼罗，北面画金刚界曼荼罗，西面画《涅槃图》。西壁中央画释迦曼荼罗（残），南侧画立佛一身（残甚），北侧画双头瑞像。东壁门北画观音曼荼罗，门南画一塔、下方宝藏神与二明王。南壁西起画文殊曼荼罗、金刚萨埵曼荼罗、名等诵文殊曼荼罗、摩利支天曼荼罗、文殊变（毁）。北壁西起画水月观音、观音曼荼罗八塔变、多罗菩萨曼荼罗、普贤变。

其中，毗沙门天王与八大夜叉曼荼罗最有特色。主尊毗沙门天王穿盔甲，骑青狮，左手握宝鼠，右手持宝幢，四周环绕8身夜叉坐在马上，左手持握宝鼠，以示为毗沙门天王的变化身，右手持不同物，以标身份。毗沙门天王与八大夜叉曼荼罗不见汉文佛教文献记载，而与藏文佛教文献《大海传记》接近，如东方夜叉裸上身，着裙，坐马上，左手握宝鼠，右手托举三个宝珠。《大海传记》记载：“夜叉王宝藏神，以金色右手持宝珠，可除贫困之苦，礼敬住东方者。”

西夏时期的莫高窟艺术不及榆林窟、东千佛洞繁盛，保留下来的营建资料多数是香客游人题记。如莫高窟第65窟本为隋窟，窟顶东披尚存隋画千佛4身；现存壁画时代有宋、西夏前期两种不同说法。此窟西壁龛外南侧有一方完整的西夏文题记，翻译成汉文的意思是：“乙丑年五月一日，福全凉州搜料，到沙州地城。我城圣宫沙满，为得福利，故弃二座众宫沙。我法界有情，一切皆共聚，当西方净国之深。”一般认为此乙丑年即元昊创立西夏文后的第一个乙丑年（1085年）。福全来自凉州，他清理了两个洞窟的积沙，可见莫高窟当时香火不是很盛。有学者认为，1085年西夏文题记与其重修壁画大体时间相同，也有学者认为是清代重绘龛内佛像时滴落的颜料。

第65窟　西夏文题记

XIEGEI
QINGSHAONIAN
DE
DUNHUANG
GUSHI

写给青少年的

敦煌故事

漫漫黄沙掩不住

西宁王速来蛮坐镇敦煌

从13世纪初开始，元（1206—1368年）统治敦煌长达100多年。虽然敦煌是元代的重要统治区域，但敦煌佛教石窟开凿有限，保存下来的洞窟和佛教资料不多。

元代依然流行西夏文，在莫高窟北区曾出土过有元广福大师管主八印的西夏文佛经《龙树菩萨为禅陀迦王说法要偈》2件，一件藏在敦煌研究院，另一件是20世纪40年代张大千从敦煌所获，而后售卖给日本天理图书馆。

元至正八年（1348年），镇守敦煌的成吉思汗第六代孙、西宁王速来蛮一家与随行僧俗共80多人，在莫高窟刻《六字真言碑》。这块碑的碣石内容分为三部分，除了上方的四臂观音坐像，最重要的是刻有汉、梵、蒙、藏、西夏、八思巴等6种文字的六字真言“唵嘛呢叭咪吽”。虽然只有6个字，但是它用多种民族文字刻成，反映了元代的敦煌是一个多民族聚集、多文化并存的地方。这块碑现保存在敦煌研究院。

《六字真言碑》

元代幅员辽阔，中西交流仍较为频繁，所以莫高窟北区第53窟还出土了叙利亚文《圣经》，是一件珍贵的文物。

敦煌莫高窟、西千佛洞和瓜州榆林窟保存有不少回鹘文题记，计有300余条，其中尤以瓜州榆林窟为数最多，也最为集中。榆林窟42个洞窟中，有25个窟有回鹘文题记留存，计有190余条，590余行。这些题记多为草书，时代多在元代至明初。莫高窟回鹘文资料最集中的是第464窟，壁画上回鹘文文字很多，伯希和、张大千等人从该窟收集100多件文献资料，其中瑞典民族学博物馆藏有41件回鹘文献也出自该窟（贝格曼1931年或稍前所获）。张大千收集品主要藏在日本

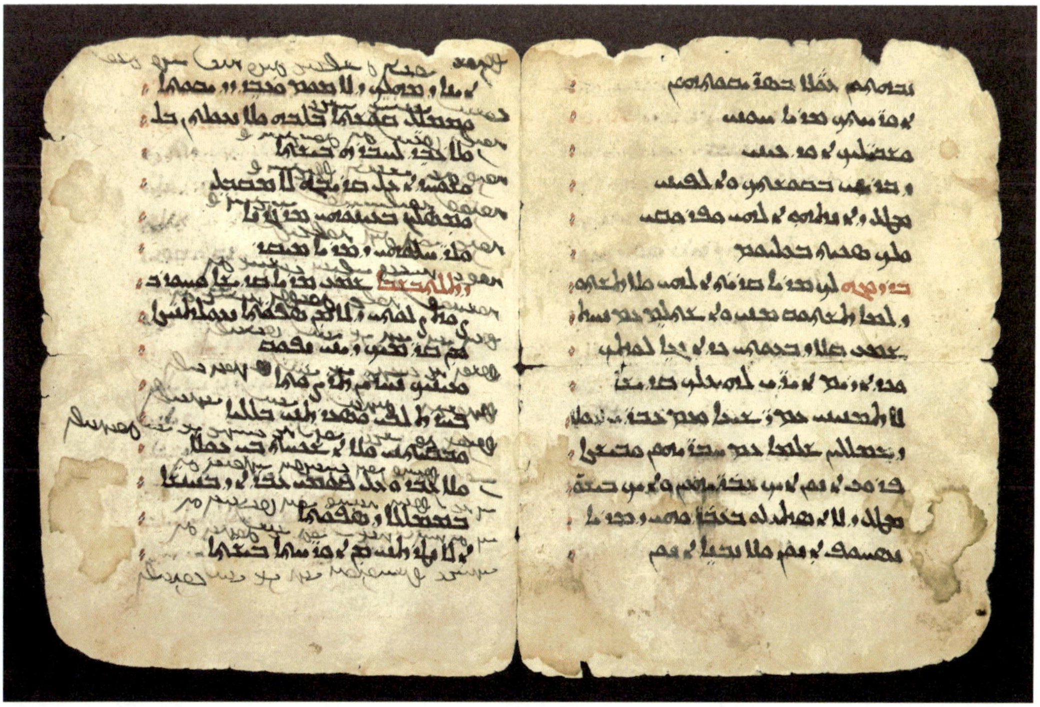

叙利亚文《圣经》

的天理图书馆。20世纪90年代，敦煌研究院进行考古发掘时，还从此窟收集到一件《元至正二十八年具注历日》。具注历日具有时效性，第464窟距离地面6米，可能当时明朝灭亡元朝（1368年）的消息传来，元代敦煌的回鹘人将一些文书藏于此窟，因此有学者称此窟为敦煌第二藏经洞。

元代敦煌石窟艺术

元代的洞窟不多，大约有10个，其中部分洞窟位于莫高窟北区。元代的敦煌壁画题材特点是汉密、藏密同时流行，与隋唐洞窟相比，开凿或重修的洞窟数量非常少，但壁画都十分精美，留下不少有时代特色的艺术精品。

莫高窟第464窟位于北区，主室窟顶画五方佛，南壁、北壁分上下层，每层各3画面；西壁分上下层，每层各4画面，各画面一般画一形象较大者，下方有若干形象较小者礼拜之。上述20个画面表示观音三十三变化身，《法华经·观世音菩萨普门品》云：观音为方便救度可以示现三十三种变化身，即佛身、辟支佛身、声闻身、梵王身、帝释身、自在天身、大自在天身、天大将军身、毗沙门身、小王身、长者身、居士身、宰官身、婆罗门身、比丘身、比丘尼身、优婆塞身、优婆夷身、长者妇女身、居士妇女身、宰官妇女身、婆罗门妇女身、童男身、童女身、天身、龙身、夜叉身、乾闼婆身、阿修罗身、迦楼罗身、紧那罗身、摩睺罗伽身、执金刚神身。前室南壁、北壁中央各一

第464窟 《观音经变》

铺大画面，共5层，每层4小画面，合计39幅（南壁最上层为3个画面），内容属于善财童子五十三参，画面周围有大量回鹘文，可能属于回鹘文《华严经·入法界品》内容。

第465窟也位于北区，是一个纯藏密题材的洞窟，窟顶画五方佛，四壁画11铺藏密曼荼罗，四壁下方画八十四大成就者。东壁门南上为独髻母，下为持梃护法与吉祥天女，下绘6身大成就者。东壁门北上为四臂大黑天神及毗那夜迦等眷属，下绘6身大成就者。南壁绘曼荼罗3铺，中央绘时轮金刚双身曼荼罗（一说密集金刚双身曼荼罗），东侧绘大幻金刚双身曼荼罗，西侧绘大力金刚双身曼荼罗，每铺曼荼罗下方各有8身大成就者。西壁绘曼荼罗3铺，中央上绘乐金刚与金刚亥母双身曼

《大黑天》

荼罗，南侧上绘乐金刚曼荼罗，北侧绘金刚亥母曼荼罗。每铺曼荼罗下方各有8身大成就者。北壁绘曼荼罗3铺，中央绘喜金刚双身曼荼罗，西侧1铺大部残损，东侧上绘乐金刚曼荼罗。每铺曼荼罗下方各有8身大成就者。

《毗那夜迦》

传说八十四大成就者是在印度各地出现的84位通过修行而获得证悟的圣人（成就者）。这84位大成就者有着不同的出身，来自不同的行业，每个人都有离奇玄幻的传奇故事，通过这些成道故事来阐释佛理，在藏传佛教中非常流行，但在古代汉文佛经、佛教文献中没有记载。第465窟八十四大成就者旁边都贴有藏、汉对照的名字纸条，伯希和曾有记录，此后脱离较多。根据伯希和记录、现存纸条、藏传佛教文献与图像中的八十四大成就者等资料，现存可以确定约50身的名字。如南壁中央曼荼罗下方有一小画面，上画一人双手扶舂（chōng）米具的把手，右脚支地，左脚踏碓，前方有一侍者，正双膝着地俯身做簸（bǒ）米状。榜题纸条写“乎宜巴此云踏碓师”，他原是一位大臣，又叫丹吉巴，上师卢伊巴为了打破他心中的执着与傲慢，将他卖给酒店女主人，让他卖酒舂米，于是他在舂米声中修行并得到觉悟，成为圣人。还有一些大成就者虽然有名字，但不见于现在流行的大成就者名字中，如东壁门南北起第一身大成就者坐于毯上，前有三足供器。左腿前伸，盘右腿，左手执镜自照，右手置于胸侧。无头光，戴尖顶僧帽，耳珰裸身，仅着短裙，项、臂、腿均有璎珞腕钏等装饰。伯希和记为“□□□□巴此云执镜师”，榜题现不存，现在流行的八十四大成就者中没有执镜师。

《舂米图》

尾声：明珠新生

明代实行闭关自守政策，占领嘉峪关一带后即开始修筑嘉峪关，逐渐把嘉峪关以西的居民迁到嘉峪关以东地区。永乐三年（1405年）十月设沙州卫，《明会要》卷六三记载：“正统十二年（1447年）徙沙州卫之众于山东（祁连山之东）。”莫高窟第77窟南壁有一条游人刻画题记：“张杰、徐贵总兵二名到此。正统十二年。”这条题记疑与是年“徙沙州卫之众于山东”有关。

第77窟　游人题记

明朝虽然修建了嘉峪关关城，但由于没有边墙（长城）的呼应，正德十一年（1516年）、嘉靖三年（1524年），吐鲁番军队两次侵入嘉峪关，围攻肃州，大掠而去。嘉靖十八年（1539年），明政府实行“闭关锁国”政策，彻底封闭了嘉峪关以西地区，原敦煌住民悉数迁往关内（嘉峪关内），从此敦煌孤悬关外。这次闭关，可以说是对敦煌地区的一种遗弃，更是传承千年的敦煌文化的一次浩劫和灾难，造成了敦煌文化和历史的断代和真空。

时间又过去了近200年，到了清代雍正元年（1723年）在敦煌设沙州所，雍正三年（1725年）升为沙州卫，乾隆二十五年（1760年）升敦煌县，组织甘肃“五十六州县”移民敦煌。当时，在敦煌党河下游两岸的肥沃之地，以县名建村，划片安置，所以就有了漳县村、靖远村、秦安村、合水村等，这些敦煌新移民们带来了甘肃各地的民俗风情和饮食习惯，构成了敦煌近现代民间民俗文化，甚至是当代敦煌文化的基础，使

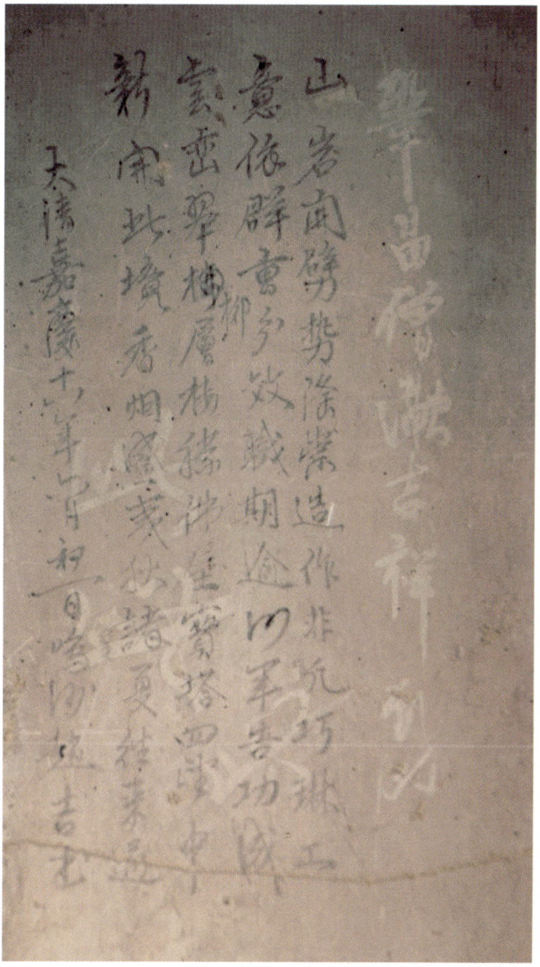

清人题记

这座古老的小城渐渐恢复了生气。

但明清时期莫高窟并没有开凿新石窟，一些游客在石窟墙壁上题写不少题记。如第14窟就有嘉庆十八年（1813年）敦煌文人赵吉题诗："山岩开劈势隆崇，造作非凡巧琳工。意依群曹分效职，期逾何年告功成。云峦翠柳层楼胜，佛屋宝塔四望中。新开此境香烟盛，夷狄诸夏往来通。大清嘉庆十八年六月初一鸣沙赵吉书。"

汪漋（1669—1742年），安徽休宁（今芜湖）人，清代康熙三十三年（1694年）进士，雍正四年（1726年）与马尔泰督修瓜州、沙州等城，著有《敦煌杂抄》《敦煌随笔》等。其中《敦煌怀古》一诗最有名，现抄录如下，作为本书结尾：

明代西疆止酒泉，整师嘉峪欲穷边。
风摇柽柳空千里，日照流沙别一天。
回鹘几能通天命，羌戎还几呈戈铤。
清时代宇重开辟，感旧犹怜蔓草烟。